"Ek het nog nooit iemand se iets gelees wat 'n ding so kan raaksê nie."

"Hierdie is 'n skryfster wat hoort tussen SA legendes."

"Dikwels laat hierdie Hekelwoorde my baie meer antwoorde vind as google."

"Julle moet Hekelwoorde leer liefkry, dis maklik... en verslawend."

"Jou vermoë om mens se emosies te verwoord is eenvoudig verstommend."

"Jy is 'n hartsmens, en my spokesperson vir my bangmens."

"'n Skool sonder jou digbundel is 'n halwe skool, net soos 'n skool sonder godsdiens."

"Donner, huil 'n man darem nou lekker."

"Ek het nie woorde nie, nog nooit kon ek self my eie binneste so raakvat nie!"

"Vrou, waar wás jy ammelewe? Jy is profound!"

"Jy hekel met jou woorde my eie skuldgevoelens toe, en my eie vrouwees-verstaan meer oop."

"Jou skrywes maak die leemtes in my siel vol."

"Ek kan nie ophou lees nie, dis briljant en eg."

"Jy het verseker die vermoë om die koring van die kaf te skei."

"Jou skryfwerk verewenaar die doem profete se voorstellings dat Afrikaanse taal geen dieptes het nie."

"Ek wil jou hekelwoorde optel en eet en vasdruk en in my hart hou vir altyd."

"Jou Hekelwoorde is my lekkerste lees, my mooiste verstaan en my slordigste huil."

"Jy het 'n liksens... om te mag skryf."

"Ek droom om eendag 'n bundel van jou wyshede in my hande te hou en met my oë en siel te verslind."

"Dankie, ek voel weer heeltemal normaal!"

"So verskriklik eerlik en sielrakend."

"Jy laat my stom met jou woorde. Dit tref. Dit roer. Dit ontstel. Dit klou. Moet asb nooit ophou skryf nie."

"Jy spreuk soos NP van Wyk Louw jou naakte siel, sonder skroom, in alle eenvoud."

Hekelwoorde van my Hart

deur Tania Smit

2018

ISBN: 978-1-77605-552-4

Illustrasies: Glendine
Teksuitleg: Janet Von Kleist
Taalversoring: Anine Vorster & Julia de Beer
Omslagontwerp: Anita Stander

Webblad: www.hekelwoorde.co.za
Facebook: Hekelwoorde van my Hart

www.kwartspublishers.co.za

Hekelwoorde
van my hart

aan:

Lielie en Adi,
die twee dapperste en mooiste
siele wat ek ken

toewyding

Ek wil graag die woorde in hierdie bundel toewy aan elke mens wat hulself beskikbaar gestel het om my leermeester te word. Elke mens wat my moes teleurstel, my hart moes breek, my moes laat val, verraai, verlaat. Elke mens wat my brein moes kry om groter en verder te dink, my hart moes kry om verby my grense te gaan voel, of my lyf moes kry om te bly staan, al was al wat ek wou doen om weg te hardloop.

Ek eer die rol wat elkeen van julle in die vind van my woorde gehad het. Ek eer elke faset van die lewe wat ek by julle moes leer raaksien. En ek eer die les wat elkeen van julle voor my voete moes kom neerlê.

Julle, die leermeesters, is die goud en wierook en mirre van die lewe.

stories en gedigte

in my droomwêreld

*I*n my droomwêreld die jaar wil ek 'n boyfriend hê. Een met 'n six-pack en plooitjies om die oë, en 'n brilletjie wat wys hy lees baie. En hande wat lekker kan vat, en vir my pesto, tahini en hummus kan maak.

Ek wil dun enkeltjies hê, en my lyf deur 'n strooitjie kan pas, en myself uiteindelik in 'n bikini in Truworths se spieël bekyk en dink: Wow, jou boude lyk fantasties!

Ek wil naels hê wat naellak vir 'n week mooi hou, arms wat vêr genoeg is om die menu te lees. 'n Kamera wat se settings altyd reg is, WiFi wat nie stotter op Pinterest nie, en genoeg petrol in my kar om oor grense te kan ry en vêrplek-mense te kan beleef.

En, ek wil daai karavaantjie hê . . . Daai klein, ronde blomme-tjies een wat maklik sleep en lekker slaap. En ek wil lekker en lank aan die voete van 'n groot boom sit en in 'n vuur in kyk wat nooit kole maak nie.

En ek wil bene hê wat kan parkrun, en 'n wynfontein in my agterjaart, en staalbedjies onder my pruimboom vir buite slaap, en 'n tent wat self afslaan en in sy sak spring. En tuinliggies wat aanhou werk as die grassproeier aan was. In my droomwêreld sou ek dit graag alles wou hê.

Maar in die regte lewe wil ek net my eie lewe hê, met al my diere en kinders en vriende en familie. Om ou memories te vertel, en nuwe memories te maak, en al laggend en huilend en real en saam ons waens deur die lewe se drif te trek.

En met 'n hart wat maklik vol sal raak, wil ek langbeen bo-op die berg van die lewe nog 'n jaar se son sien opkom. En, met my gesig na die Lig gedraai al die dae van my lewe vreesloos leef, wawyd liefhê, en rotsvas staan. Dis al.

jou water

jy't my van 'n hoë afgrond af
in 'n klein emmertjie liefde laat induik

jy't my laat glo ek kan
en ek het – vreesloos

en daar binne
het daai emmertjie soos 'n see gevoel
elke druppeltjie liefde soos 'n waterval
dit was oorvloed

die wêreld deur jou vergrootglas was vir my genoeg

you get me
you get me not
you get me

maar die gat in die emmertjie was groot
die bietjie water daarin vinnig weg
en jou fontein was droog

jy het niks gehad om te gee nie
nie eers 'n druppel nie
ek het dit nooit eers besef nie

ek het myself kom verdrink in jou niks

en later maar verslae uitgeklim
die trane afgevee
my hart in 'n klein papierbondeltjie in my sak gebêre
en huis toe gekom

you get me not

die boekery

Ek lees vandag van 'n leesmens wat met groot liefde verwys na haar biblioteek as 'n "boekery". En ek dink by myself . . . dis mos nou vir jou 'n ordentlike Afrikaanse woord. Want 'n boekery klink vir my soos 'n plek waar goed in rye staan en wag om gevoer te word en nuwe kleintjies uitbroei, of klein produkkies iets produseer – soos 'n melkery, of 'n kwekery, of 'n bakkery. Die woorde maak prentjies van 'n blinkgesitte leerbank met 'n hekelkombers (vir as die nag lank word), 'n ordentlike leeslamp wat met 'n boog oor jou kyk hang, en 'n moerse lang leer, vir hoogvat. En boeke wat in lang rye staan en gretig en gelyk hande opsteek om gelees te word.

Ek verbeel my dat my Keinie-maatjie 'n allemintige boekery het, met rye en rye ou kinderboekjuwele wat elke week nuwe kleintjies uitbroei. En boeke met Afrikaanse verkneukelings, of stories van stofpaaie en plaashekke en windpompe. En dikkes vol gaan-haal-stories, met vaal foto's van regop oumense met bollas en baarde, en 'n glinster in die oog.

Of my boetie, wat teen hierdie tyd definitief al 'n boekery sou hê as hy nog geleef het. Boeke van mans met lang baarde en nog langer klede, wat wys sou vertel van die heelal, en meditasie, en hoe om van jou seiljag jou dorp te maak. *Confessions of a Kamikaze Cowboy* sou waarskynlik van die kroonjuwele van sy boekery wees. En uitgebroeide kleintjies van Paramahansa Yogananda en Linda Goodman sou almal trots by die nate van sy boekery uitpeul.

Of my pa se boekery, vol geografiese ensiklopedieë met ont-ledings van klippe en rotse en lugfoto's van bergreekse. En biologiese name van vetplante en bome en boesmanbossies. En fotografieboeke, en medisyneboeke . . . die man met die wilde wenkbroue se boekery van weetboeke.

Maar in my wêreld behoort die grootste boekery ongetwyfeld aan my ma . . . wat sekerlik op dertien boeke kort, ál die boeke van die wêreld al klaargelees het. Haar boekery sou 'n voltydse versorger moes hê wat met groot liefde elke dag leeromhulsels van boeke wat geskryf is kort na die skepping, sou moes voer met vasbyt-olie. En 'n groot vergrootglas wat nooit die kleinskrif onder die kleinskrif sou kon mislees nie. Want sy is hier om te verstaan, my ma. En van wees kom lees, en van lees kom wys.

En so is my kop vanaand vol verbeel van die lesers in my lewe se boekerye. Megaboere in hul eie reg, wat met hulle lees se woorde, landerye van lewe oor hulle landskappe kom plant. En die vrugte van hulle weet mildelik uitdeel aan almal wat honger en dors is, om met dik brille en lank-sit-boude elke keer te kom aanklop vir nog 'n proeseltjie meer.

my onthouplek

is dalk omdat my brein altyd iewers anders besig is as ek veronderstel is om die onthougoed daar te bêre, maar my onthouplekkie is heel leeg.

Ek weet nie waar my handsak is, waar ek my sleutels gebêre het, of dat ek vanoggend 'n tandartsafspraak gehad het nie. Ek kom by die winkels dan vergeet ek wat ek daar kom koop het, en bêre soms die koffieblik in die yskas en die botter in die kas langs die Earl Grey-tee. Ek weet nie meer waar ek orals verlede week was, wat my eerste kar gekos het, of hoe my kind gelyk het op haar eerste verjaarsdag nie. Ek weet ook nie meer hoe my kamer op skool gelyk het, of watse kleur die voordeur van ons eerste huis was nie. Als weg. Ek vermoed my brein het daardie geheueholte gevat en vol pragtige bolle wol, mooi muurkleure, kamerapaadjies, stringe krale, lekker resepte en ou handsakke gepak, amper soos 'n deurmekaar besemkas, net in my brein.

Maar, daar is 'n onthouplekkie duskant my hart waar ek onthou hoe alles gevoel het wat eens deur my hart daar gebêre is. Ek weet presies hoe voel Namibië se grenspos as mens uiteindelik daar aankom en die 4x4's in rye teen die walle opgetrek staan. Ek onthou hoe dit voel om kind te wees in 'n langpadkar, waar ek altyd regs agter gesit het en met my pa se krulhare gespeel het terwyl ons "Glory, Glory Halleluuuuuja" sing. Ek onthou mamma se mooi as hulle uitgegaan het, hoe haar hoëhakskoene geklink

het as sy kom groet het, hoe haar nagsoen-lipstick gevoel en haar Chanel No. 5, wat met pappa se lankspaargeld gekoop is, geruik het. Ek onthou hoe ek myself van buite bekyk het op my boetie se begrafnis, en gewonder het wanneer ek weer in my lyf gaan inkom en sal begin voel en nie net waarneem nie.

Ek onthou grootmens-musiek wat vêr speel terwyl ons spook-stories vertel, en helder Namibië-sterre terwyl Vangelis deur die woestynnag weergalm. En ouma se vet-en-stroop-broodjies, kaalvoet in Keetmanshoop se strate swembad toe loop, krakies in die grond soek en grawe vir 'n !nabas, en oupa se kuggie as hy pyp rook.

Ek onthou hoe al die mense van my verlede my laat voel het, en hoe die vreemde oom by die mark se oë geblink het terwyl hy verduidelik het van sy seun. En die spesiale sing van my Lielie se stem wat my uit 'n koma uit sal kan haal. En die voel van my Adi se seekat-klem-seuntjielyf wat asseblief net nooit, ooit groot mag word nie. Ek onthou die gevoel van als.

En so gaan ek voel-voel deur die lewe – al vergetend, al laat, al deurmekaar, en meestal wild geklits. Met 'n besemkas in my brein en 'n onthou-kas vol voel-juwele langs my hart.

padkos

*A*s mens Namibië toe ry koop jy nie brekfis nie, jy pak dit self.

Frikkadelle en gekookte eiers, en hoender wat soos Kentucky s'n proe, net lekkerder. En broodjies van witbrood wat nog môreoggend in Keetmanshoop vars sal proe, met plaasbotter en goudakaas en tamaties wat tussen slaaiblare lê sodat die broodjie nie nat raak nie. Met sout, swartpeper en varsgeplukte basiliekruid. En 'n fles filterkoffie met warm melk vir die grootmense, en 'n fles met Milo vir die kinders. En altyd 'n houer kondensmelk vir die soettande en 'n Tupperbak vol tuisgemaakte beskuit vir die hongertande.

Jy pak dit self sodat jy daar iewers in die vlak onder 'n boom kan gaan stop, en daardie sementtafeltjie kan toegooi met 'n bont lappie en kan uitspan. Sodat jy kan waai vir die toetende ander wat verbykom – daardie wat van vêr af al toet en dan maak dit so ieeeeaaauuuwwwww as hulle verbykom. Daardie toet sê: "Oeee julle eet lekker!" Dit sê: "Ons is ook op pad." Dit sê: "Ons hoop ons almal reis veilig." En meestal sê dit: "Ons verstaaaaaan." Want mense wat Namibië toe gaan praat almal dieselfde taal.

En as mens deur die grens gaan, sit jy jou foon af en dink: "Sorry . . . ek kan nie meer help nie . . . sien jou oor twee weke . . . dis nou eers tyd vir my Siel." En dan begin sien jy die telefoonpale met trosneste wat aan genade hang, kokerbome wat die mooiste foto's vervel, paaie wat later net onmoontlik lank en reguit word . . . en veel later daardie ongelooflike rooi grond. En dan Swakopmund se sandduine, wat nie eers Wayde van Niekerk sal kan uitklim sonder dat sy atletiese tong op die grond hang nie.

En terwyl jy ry voel jy hoe jou hart laat gaan . . . in-oukeiwees-in. En kan jy exhale . . . soos jy gedoen het die laaste keer toe jy in Namibië was.

Jy beleef die vlaktes so wyd soos die Here se genade. Mense wie se glimlagte so breed soos die ewenaar strek. Jy beleef vrede in jou hart en in jou kop. 'n Vrede wat jou dankbaar laat besef dat jy uiteindelik jou dink aan die anderkant van die grens vergeet het.

En elke keer as jy terugkom van daar af los jy 'n stukkie ou mens agter, en bring jy 'n nuwe stukkie mens terug. Een wat *real* kan doen. En stilte. En vrede. Een wat makliker kan nee sê, en moeiteloos kan alleen wees, en kan oukei wees. Regtig oukei.

As jy Namibië toe gaan, koop jy nie brekfis nie, jy pak dit self. Want vandat jy met jou padkos in die kar klim word dinge real, en sal die plastiekwêreld net nooit weer so gemaklik om jou hart kom sit soos voor daardie reis nie. Eenvoudig nooit weer nie.

as jy hier was

as jy hier was
het ek vir jou kos gemaak vandag

aubergine bake
met gerasperde parmesaan
en tuisgemaakte tamatiesous
wat stadig sou prut in my huiskombuis
met baie knoffel en rooiwyn
'n handvol sweet basil uit my tuin
en 'n knippie suiker
net soos Delaine my geleer het

ek sou vir jou 'n Smit-slaai maak
met ekstra feta
geroosterde sonneblomsade
gedroogde pampoenpitte
varsgeplukte roketblare
en stukkies mango vir daardie tikkie soet

en vir jou 'n ciabata-broodjie bak
wat ek sou knie terwyl die huis nog stil is
en wat sou rys terwyl ons met vlegvoete lê en koerant lees

en as dit afgekoel het
sou ek dit in skywe sny
smeer met knoffel
en 'n raps olyfolie uit my Karoo
en rooster tot dit net reg is

ons sou onder die pruimboom eet, ek en jy
terwyl sy blare val
rooiwyn drink
langbeen sit
en lui wees
en dan gaan lê

sonder 'n wekker
as jy hier was

die mense wat ek liefhet
het hulself versmul aan my brood
die tikkie suiker net genoeg
die boom se blare al amper af

en ek het gaan lê, lui
sonder wekker en sonder jou
met 'n hart wat oorloop van genoeg

want hulle wat ek liefhet
omsingel my
hou my hoog
maak my vol
elke dag

en tot jy my vind
en deel word van my
is ek hier
in my lewe
saam met die mense van my hart
elke dag
ten volle
teenwoordig

as jy steak wil braai

As jy steak wil eet dan maak jy dit self. En jy doen dit ordentlik, met passie, of jy los dit eerder en maak 'n vrugteslaaitjie vir aandete. Want steakmaak is nie geskik vir 'n halfhartige probeer nie; dit moet altyd 'n kom-kyk-besigheid wees.

Eerstens ry jy en gaan koop 'n ordentlike steak by 'n ordentlike slagter – nie daai vakuum verpakte vaal manne in die super-mark wat lyk of hulle nog deur heinings kan hol as hulle die kans kry nie. Jy gaan soek 'n slagter met groot voorarms en ordentlike kuite, wat van Namibië of die Karoo af kom, of Duits praat . . . daai is gewoonlik die siele wat kén van vleis. En jy kies vir jou 'n dik stuk met 'n vetjie aan. Nie Obelix vet nie, net 'n duidelike gedagte van vet . . . want daarin lê die grootste lekkerte van steak eet.

En as jy gaan betaal by die besige tannie met die wit overall en die haarnet aan (wat gou kasregister toe gaan skoffel as sy jou sien aankom), dan staan jy sterk as jy die prys hoor, want ordentlike vleis kos ordentlike geld. En jy betaal met 'n smile, en sit sommer daai stukkie droëwors by wat vir jou so loer terwyl jy betaal – hy eet gewoonlik lekker op pad huis toe.

Ek love 'n vuur, maar as dit by steak kom gebruik ek gas, en my swaarboompan. En ek behit hom met daai vlam terwyl ek vir my 'n glas rooiwyn skink en ietsie moois opsit om na te luister – soos Snow Patrol of Fleetwood Mac (dat mens jou boude kan wikkel terwyl jy kosmaak). En as die pan vuurwarm is, gooi jy 'n skeutjie olyfolie by (vir nie aanbrand nie), en 'n knoetsie botter (want alles proe beter met botter).

En dan kom die grootste oomblik van steakmaak: jy tel daai heilige stuk pragtige steak op, en sit hom met 'n tang op sy vetkant neer in die pan. Hy gaan gil van die skrik, maar jy gaan moet vasstaan, en hom regop hou. Daai vetjies gaan begin uitbraai en meng met al die sappe in die pan, en as dit so deurskynend raak, daai vetjie, en crispy en bruin op die kant, dan moet die borde regstaan, die garlic mash en sus se slaai al klaar wees, en almal geroep en aangekom wees, want dan is jy in die pylvak.

En terwyl die kinders vensters en deure oopgooi vir al die rook, vryf jy gou daai steak deur al die uitgebraaide souse in die pan en braai hom op elke kant. Nie meer as twee keer op 'n kant nie, want dan vervies hy hom vir jou en word halsstarrig (en halsstarrige steak is nooit lekker nie). En voel hom aanmekaar . . . hy moet nog toegee as jy hom voel, en eers gesout word as jy 'n kant geseël het . . . Maldon-sout (of nog beter, gerookte Maldon-sout as jy kan kry), of growwe sout. Want steak is nie vir fyn sout gemaak nie, fyn sout is vir kos soos tunaslaai en gebakte aartappels.

En nes jy dink daai steak is nog net te rou, dan is hy reg. Want steak is 'n ding wat werk terwyl hy rus. Ten minste drie minute moet hy daar op die houtbord staan en in vrede gelaat word terwyl niemand vir hom kyk nie. Sodat hy sy postuur kan terugkry. En sy kieste kan ontspan. En jy nog wyn kan gooi, en kan lekker wees met jou mense.

En dan, as alles en almal uiteindelik rustig is, en al die rook uit die huis uit, vat jy 'n vlymskerp vleismes, en jy sny vir hom in skuins skywe. Dik skuins skywe, nie dunnes nie. En jy sit vir elkeen daai skywe lekkerte op 'n bord. My seun gooi altyd nog 'n teatrale beweging Maldon-sout oor. En dit werk vir my, want dis net lief, en proe heerlik.

En dan eet julle, net soos elkeen begeer. In ons huis eet ek en die kinders steak met ons vingers, op klein bordjies. Elkeen met 'n toring se eie lekkerkry, op sy lekkerste plek, by homself, om te beleef.

As jy met daai steak klaar is gaan jy voel jou hart voel lekker. En die aand is mooi. En die lewe goed. En juis oor daardie rede, as jy steak wil eet, dan maak jy dit self. Want jy eet die hele reis,

die passie, en die beleef. En dit, daai deeltjie, is waaroor lekker-eet
mos eintlik gaan.

my hart se seer

my hart is 'n voëltjienes
wat van vêr af soos rus lyk
maar van naby vol oorskiet is

van onthou se trane
en oopskeurkussings se binnegoed
en lappies wol van uitgerafelde kniekomberse
en ou lagfoto's se frummelpapiertjies

my hart is 'n watervalpoel
wat van vêr af soos koelswem lyk
maar onder vol diep koue broei
wat jou lekkerkry sal opsuig
as jou duik te diep is
of die dag se son te vêr

my hart is 'n berg
wat van vêr af soos uitkyk lyk
maar binne-in woon 'n draak
wat omgeemense se harte
met lawa liefhet
en hul liefde verbrokkel tot as

my hart is wegbly
en totsiens
en nee
en moenie
en jy maak my seer
en ek het jou nie nodig nie
en ek is fine
en los my uit

want my hart is 'n skaduwee
toegedraai in 'n glimlag
wat eerder net asseblief

vir altyd
van vêr af
liefgehê moet word

my hart se hoop

jy, wat binne my diepste donker poele

steeds die son teen die rotswande sal sien weerkaats
en voor my draak sal kan staan
en onverskrokke en onwrikbaar die lawa van my vuur trotseer

vir jou sal ek 'n holte uitkrap onder my hart
waar jy met jou voete in my sand kan kom sit
en jou kers in my Lig kan kom aansteek

en daar, by ons saamsit
sal ek weer my hart se sagste plekkie onder jou rib vir jou
terugbêre
daar waar Hy dit vir my kom uithaal het

die aand toe die maan op sy Ligste geskyn het

oor genoeg wees

Ek dink elke ouer loop met die ingeboude vrees dat dit wat jy het om te bied as ouer nie genoeg sal wees vir jou kinders nie. Dat jy iewers 'n groot seer gaan los in jou kind se hart omdat jy dalk te gereeld ongeduldig was, nie genoeg geluister het nie, nie genoeg langs die baan was nie, te veel slegte dae gehad het, nie weet sy gunsteling kleur het verander nie – die lys is teerpaaie lank.

En die dag as jy die enigste ouer onder jou dak word, gaan bou daardie vrees 'n groot huis in jou hart en maak homself daar tuis. Want een is nie twee nie, en jy weet dit. En daardie weet gaan sit vlak in jou keel en diep in jou hart.

Van daardie dag af moet mens jou uitsette verdubbel, al word jou insette halveer. Want onder jou dak is jy net een ouer wat kan luister, een wat kan gee, een wat kan liefhê, een wat kan vashou of grappies maak of speletjies speel of saam swem of dissiplineer of sterk staan op daai oomblik. Een mens wat moeg is na werk, maar moet probeer geduldig bly. Een mens wat altwee kante van die saak moet probeer sien. En een wat kan diep kyk en raaksien. Net een.

Jy stryk jouself uit so breed en vêr soos die see, gaan haal jou beste anderkant die sterre, maar jy voel net altyd te min. Want as jy 'n pa is, kan jy nie 'n ma wees nie. En as jy 'n ma is, kan jy nie 'n pa wees nie. Jy kan net nie. En twee dakke is nie een nie. En twee Kersetes is nie een nie. En mens is vir die res van vir altyd besig

om jou hart se drade uit te ryg om daardie seer vir jou kinders te probeer toewerk.

En na elke dag van probeer vat ek maar 'n blinklappie, en gaan sit ek langs hulle slaaplyfies en probeer vryf hulle harte weer blink . . . sodat ons môre weer skoon kan begin. Soms kan ek die slegte merkies uitvryf met lang probeer, maar soms kom daar 'n merkie by wat agterbly, wat vir altyd geskryf staan op hulle harte, ten spyte van my beste probeer.

En dan gaan tel ek maar my some op oor die wêreld se grense, vou myself toe in 'n slaapbondeltjie, en gaan droom verby die maan om weer my hoop en moed te gaan haal vir môre. En terwyl ek oor die sterre heen vlieg, gaan haal Hy my en sit my voor Sy voete, en herhaal Hy Sy belofte vir my:

"My kind, jy is myne, wees sterk en dapper.
Moenie bang wees nie, want Ek sal saam met jou gaan,
Ek sal jou nooit in die steek laat nie, en jou nooit verlaat nie."

En Hy hou my vas en troos my en vryf my hart weer blink vir môre se oorbegin. En met die maan se strale wat op my skyn, stort die huis van vrees in my hart ineen, net daar. Want ek is nie net een ouer onder my dak nie, ons is twee: 'n ma en 'n Pa. 'n Almagtige Pa, wat alles sien, en oor alle grense heen kan liefhê. En ons twee en ons blinklappies, ons sal in hierdie ouerhuis, onder hierdie dak, genoeg wees.

ons reënboogskool

$\mathcal{M}$y kinders is nie in een van daardie grênd skole waar elke leerling onder 'n vergrootglas gekies word nie. Hulle is in 'n gewone, plattelandse reënboogskool. Hulle klasmaats is van die bokant van die dorp, sowel as die onderkant. En as hulle spanbou hou weet die ryker kinders hulle moet ekstra snacks bring vir die kinders wat dit nie kan bekostig nie. En dan sit hulle langs mekaar en kuier lekker en lank, want almal hou van mekaar.

In my kinders se skool staan daar nie altyd rye busse in die straat as hulle by die groot skool in die buurdorp gaan sport doen nie. Daar staan soms rye en rye taxi's. Nie afgeleefde taxi's nie – pragtige, netjiese, skoon, trotse wit taxi's met die nuwe Suid-Afrikaanse vlag op. En daar is 'n vibe, 'n lekkerte, want mens voel die samehorigheid van al ons land se mense, en dit voel heilsaam en trots onder mens se vel.

In my kinders se skool is die outjie wat trekklavier speel op die musiekaand net so cool soos die rugbykaptein, en is die oogarts ook die saksofoonspeler, en die bouer ook die klavierspeler. Hier word gedans en heupe geswaai en gerap, want musiek is ook cool. By my kinders se skool tel hulle koor onder die bestes in die land omdat hulle basse het wat note onder die klavier kan gaan uithaal, en sangers het wat al heupe swaai nog voor hulle kon loop.

En die matriekafskeid is nie 'n rooitapyt-affêre waar elke meisie soos 'n kloon van die ander lyk nie, maar 'n verskiet-ing van kultuur, kleur en individualisme. Manne met pakke, hoede, tradisionele drag, blinkgoed, leergoed, grêndgoed. En die meisies … hulle klere sit styf, of wyd, of sequin of tiervel, met hare wat dáár staan, of wilde pruike, of gladgestrykte bollas, of weggesteekte hare in hoë tradisionele Afrika-lap toegedraai. En die skoene is 'n kom-kyk besigheid van rooi vellies, tot swart-en-wit krokodilpuntskoene en hoë, blink glitter hakskoene waarop versigtig gebalanseer geloop moet word. Want skoene is belangrik. En as ons ouers daar sit, jubel ons van lekkerkry, want in ons kinders se skool mag jy anders wees en anders lyk, en jou eie ek vind en uitleef. En aanvaar word daarvoor.

En so word hulle groot in 'n kolonie van alle soorte en kleure en klasse en ambisies. Dit maak nie saak of hulle eendag universiteit of kollege toe gaan, of oorsee gaan of begin werk nie — my hart weet hulle sal oukei wees. Want al het hulle nie die voorreg van "optimaal gereguleerde skoolonderrig onder streng gekontroleerde omstandighede" nie, klop hulle harte in al die kleure van ons landsvlag. Hulle weet reeds hoe lekker mens kan los dans op Afrika-musiek, en hoe maklik kleurlinghumor lag, en hoe die padkaart lyk om hul weg deur al die verskillende kleure en kulture en moets en moenies van ons land se mense te vind.

Meeste van alles leer hulle hoe om al die fasette van hulle eie reënboog te gaan vind en na vore te bring. En met trots, en sterk geanker, die produk van hulle eie self aan die wêreld daar buite te gaan voorlê. En dit, daardie deel, is vir my as ouer genoeg.

my salf en my asem

*D*it voel al hoe meer vir my of die lewe 'n Kilimanjaro is wat ek elke dag moet uitklim, terwyl ek nie eers die krag het om die reservoir se bult agter ons dorp uit te stap nie. Asof ek elke dag een emmer se energie ontvang, en daarmee twee emmers se energie moet uitdeel, dag na dag.

Want tyd raak minder, ons aarde draai vinniger, alles raak duurder, besiger, moeiliker. En ons moet met hare wat agterna waai daardie mallemeule vasklou vir bo bly.

En om daardie ekstra emmer energie te kry moet ek letterlik my wortels diep in die aarde se grond gaan insteek, en my arms hoog in die hemelruim uitreik. Om my beste te gee en om genoeg te wees. Sodat ek ten minste met 'n heel hart in die aande kan gaan slaap, en voel ek het goed gedoen. Want dis vir my belangrik, om te voel ek was genoeg, vir daardie een dag.

So hierdie jaar sal ek moet tyd maak vir die dinge wat my energie gee: skryf, foto's, klavier, reis, teken, sit, stil raak, lees, lank bad, my tuin – daardie goed is my Salf, my Asem. Sodat my arms hoër kan strek in die Lig in, en my wortels dieper kan ingroei in die aarde in. Soos 'n reuse eikeboom. Só sal ek leer staan.

Ek sal moet slaap. En oefen. En gesond eet. Sodat my liggaam my gees deur die jaar kan dra. En ek sal mooi loop met my emmers energie. Die gate waar dit kan uitloop toemaak. Die handjiesvol daarvan versigtig uitdeel. Noukeurig. Berekend. Want elke druppel gaan tel.

Ek het besef hierdie jaar sal net 'n jaar van teenwoordigheid wees: volle teenwoordigheid. In my lewe, met my mense, net soos dit is, teenwoordig. Want my groot oorwinnings sal moet kom in die klein teenwoordighede. Dis wat ek het om te gee.

Hierdie jaar gaan nie 'n jaar van ligte uitskiet wees nie, maar ek sal Salf smeer, en Asemhaal, en Teenwoordig wees. En dit maak.

jou wegwees

(vir elmaryn)

ek wonder soms
waar jy is
wat jy leer
wat jy sien
terwyl jou buitenste lyf daar sprakeloos lê –
dag na dag, jaar na jaar

ek wonder
hoe breed en wyd en diep
jou liefde moes wees
om so hoog gedra te word
deur jou omgeemense
in jou wegwees-vir-nou

my wens vir jou
is dat jy dit sal beleef
hierdie standbeeld van jou lewe
hierdie liefhê van jou
(al is jou presence weg)
dis huilmooi kosbaar

en dat jou wakker word
moeiteloos sal wees
en jou terugkom ten volle
engelvrou

oor weghol

Sommige mense is verlief op verlief wees, en op vêr plekke met eksotiese name, en op vertel toe hulle jonk en maer was en op droom van 'n môre wat altyd nog sal kom.

Want met hierwees kom gewoonwees, en vasbyt, en verveeld raak, en luister na jou hart. En bekyk jou waarheid: dat jou genoeg dalk te min is, en jou diep te vlak, en jou glas te leeg, en jou binnekant te hol, en jou reg verkeerd en jou jammer te laat.

So hulle skilder in eergister, waar stories met tyd net mooier kan word. En droom oor môre – waar die nou hulle nooit sal vind nie. En leef altyd in die land van nêrens, waar kleurvolle verbeel hul seer kan toedraai in voorgee, en hul lewe altyd kan laat lyk soos lekker. Om herinneringe te maak wat altyd in die iewers gemaak sal wees, maar nooit saam met hulle in die hier sal wees nie.

die dans

en op 'n dag het sy haar gewonde hart gevat
in haar bootjie geklim
en deur die see van trane geroei
om anderkant die moeras van duisternis haar Lig te gaan soek

die sisterhood het haar gevind
haar ingeneem
en toegevou met liefhê
en met die saamwees van vrouwees
stukkie vir stukkie
die harde skil wat deur die sterkweesjare haar wese toegegroei het
vir haar begin afskil

saans het hulle saam onder die maanlig gaan sit
en haar hart heel gewerk
met die fyn, goue drade van haar menswees

en elke dag in lappieskomberstaal
haar Onthou gaan haal
tot sy haar weer kon begin voel –

daardie meisie wat sy eens was . . .
die een wat so lekker grootbek kon lag
met haar kop agteroor

drie volmane later het sy gesit
en oor die broeiende vlakte uitgekyk
en in daardie oomblik besef: sy is vry

vry om gelukkig te wees, of ongelukkig
vry om op te staan, of te gaan lê
vry om weer te probeer, of nie

en met daardie besef het sy haar Lig gevind
en het die vreugde weer deur haar are begin bruis
en die donderweer begin slaan
en toe het sy begin dans . . .

sy het gedans met wild abandon
sy het gedans met 'n lyf wat uitspring en losgaan
sy het gedans met 'n lyf wat kom en gaan

dit was 'n dans van oorgawe
en 'n dans van bevryding
dit was 'n dans van blydskap

want sy het onthou haar hart is veilig
sy het besef sy is vry
to be herself
her Self

en sy het hardop gelag met haar kop agteroor
grootbek

en die reën het gekom
en 'n nuwe seisoen gebring
en dit was genoeg
so heeltemal nimmereindigend genoeg

jou tuiskoms

en net toe ek nie meer wou saamvleg nie
en my bed ophou groot voel het
en my wydslaap al hoe lekkerder
het jy voor my deur kom staan
net soos ek altyd gebid het

met jou groot mens
en jou oop hart
en jou mooi luister
en jou wyse wees

en hierdie keer het ek geweet dis anders
my hele lyf het dit net geweet

want my emosies het nie opgestyg nie
maar geland

my asem het nie opgehou nie
maar laat gaan

want my hart het nie vinniger geklop nie
maar haar lêplek gaan vind

en ek het my deur oopgemaak
en voor jou diepkyk gaan staan
en die kaart na my hart uit jou hande uit gehaal
en jou reisstewels vir jou uitgetrek en gaan bêre
en jou laat inkom

om te wil

My boetie het altyd gesê: "Jy dink jy doen, maar jy word gedoen."

En al is hy Huis toe voor ek sy calamari-resep kon kry, of saam met hom 'n sigaar kon rook, of nog 'n laaste lekker tjoppie saam met hom kon eet, is daai die woorde van hom wat ek die meeste onthou. Want ons is tog so oë-op-die-grond-besig om met alle mag die stuurwiel te probeer dwing in die rigting van ons kop. Ons wil. Ons ego. Ons planne. Ons *desire*.

Maar as die kar moet vasval, dan sal hy. As die wiel moet pap raak, dan gaan hy. As die Lig oor jou moet skyn, sal jy nêrens kan wegkruip om dit te ontsnap nie. En as jy by die Atlantiese Oseaan moet eindig terwyl jy op pad was na die Indiese Oseaan toe, dan gaan jy jou voete natmaak in Atlantiese waters, nie Indiese waters nie.

So miskien kan ons net ophou probeer om te doen. En vir 'n slag die stuurwiel los en die volmaakte wonderwerk aanskou om gedoen te word. Amper soos vandag se outomatiese karre. Net beter.

small talk

"So . . . watse werk doen jy?"

Ja, dáái blerrie vraag.

Gewoonlik op 'n plek waar almal soos strykplanke regop staan met 'n glas wyn in die hand, en kort-kort wegkyk na nuwe aankomelinge terwyl jy nog praat en hulle probeer maak of hulle nog luister.

Sodat my antwoord jou kan help om my tipe iewers in jou brein te stoor. En ek daar kan staan met al my lae en lae menswees, en jy my kan laat voel soos iemand wat die eerste rondte in *Flinkdink* uitgeval het. Of verstom luister asof ek wonderlik is terwyl ek elke dag feilbaar vol foute net my dae probeer oorwin.

So vra my eerder een van die hemelruim vol vrae wat daar is om te vra . . . soos wat doen ek om my hart vol te maak? Wat is my lekkerste onthou? Swem ek kaal of met klere? Hoe gaan dit met my lewe? Wie was my lekkerste boyfriend? Watse musiek luister ek? Hou ek van lê-vakansies of sweet-vakansies?

Ek sou jou wou vertel dat my gunsteling kleur pers is, want dis intens en teenwoordig. Ek sou wou sê dat ek die meeste van my lang lens hou, want dan kan ek mense se harte van vêr af onsigbaar afneem, wanneer dit die mooiste wys. Ek sou wou vertel dat my bed soos die veiligste plek in die wêreld voel, en dat kinders grootmaak die scarieste ding is wat ek in my lewe gedoen het. En dat ek van eerlike mense hou. En dat ek graag saam met my seun 'n nuwe taal wou leer, en sleg voel dat ons nog nie daarby uitgekom het nie. En dat ek eendag 'n kerkorreluitvoering sou wou gee, al is dit net vir een. En ek sou vir jou wou sê dat ek small talk haat . . . amper soveel soos verpoepte bestuurders.

Ons sou lank kon gesels, ek en jy. Maar nou vra jy my watse werk ek doen. So ek sal vir jou die boonste laag van my ui afskil, sodat jy kan dink jy weet wie ek is.

En môre sal jy vriendelik groet in die coffee shop, en vir die mense by jou vertel jy ken my, en vir hulle van my boonste laag vertel. En dan sal almal instemmend knik, en as hulle klaar geluister het dink hulle ken my nou ook, en daarna nog 'n rondte refills bestel. Terwyl ek en my basaarkoek-persoonlikheid in die hoek 'n boek sal gaan sit en lees, en bly sal wees die stoel oorkant my is leeg. In vrede.

die liefhê van annaleen

Dit was 'n snot-en-trane begrafnis, almal huilend oor sy grootheid. Van kinders wat saam met hom krieketballe gedaan geslaan het deur die jare, tieners vir wie hy met elke kuier 'n raaisel gehad het, tot mense wie se lewe hy met self-aanry-rehab-toe gered het. En natuurlik ook daardie vriende saam met wie hy in transvestiet-klere blues gesing het . . . hulle was almal daar. Mense het gehuil, want hy het 'n verskil gemaak. Big time. Maar dis in sy liefhê van haar waarin sy grootste greatness gelê het; in sy regkry van haar vir sy Weggaan van haar.

Hy het haar kunswinkel toe gevat en kunsvoorraad vir haar gaan koop om haarself mee te laat heel word na sy dood, want hy het gesê sy gaan te suinig wees om dit vir haarself te gaan koop as hy nie meer daar is nie. 'n Jaar se voorraad het hy gekoop, want hy het gesê dit sal haar 'n jaar neem voor sy reg sal wees om weer self te gaan koop.

Hy het vir haar 'n Fitbit gekoop en twee maande voor sy dood gesorg dat sy elke middag vyf kilometer saam met 'n vriendin gaan stap – sodat sy kan asem kry van sy siekweesbed, sodat sy die son op haar kan voel skyn elke dag, en sodat sy vorentoe sal weet wat om te doen as die huis stil raak. Elke dag het hy gesorg dat sy gaan stap, totdat haar bene dit self wou doen.

Hy het vir haar 'n nutsman gekry wat kan regmaak as sy lyf nie meer daar is om te werk nie. Vir haar 'n man vir die swembad gekry. Vir haar geld oorgeplaas voor sy dood vir genoegwees tot sy boedel afgehandel is. Hy het ook sy suster gevra om te sorg dat sy die eerste Sondag na sy dood saam met haar kerk toe gaan, want dit gaan die moeilikste een wees en hy wou nie hê sy moes dit alleen doen nie. Ook 'n vriend laat belowe om haar vir 'n jaar lank elke Woensdag te kom optel vir selgroep (en nie nee vir 'n antwoord te aanvaar behalwe as sy 'n baie goeie rede het nie), want hy het gesê hy wil nie hê sy moet vir God kwaad wees dat hy so jonk Huis toe is nie.

Hy het ook saam met haar 'n nuwe droom vir haar begin droom, omdat hulle drome van saam oudword sou wegval, en omdat hy wou weet haar aanhou sonder hom sal nie ophou nie. Hy het saam in haar droomplek kom vakansie hou vir memories maak, saam met haar besluit by watter kerk sy sal aansluit as sy daar aankom. Hy het gesê: "Spook, dis by dié kerk waar jy moet inskakel en nuwe vriende maak as jy hier aankom, dat jy nie alleen is nie." Hulle het besluit in watter area sy haar nuwe huis sal koop, en besluit hoe lank sy hulle ou huis sal verhuur voor sy dit sal laat gaan.

Frikkie en Annaleen

Al wat hy nie kon klaarkry vir haar nie was om haar te leer hoe internetbankdienste werk (hy het een aand haar gesig in sy hande gevat en gesê: "Spook, ons het nie genoeg tyd om jou reg te kry voor my gaan nie!"), en toe met sy kollega gereël om haar daarmee te help ná sy dood. Hy het ook nie sy 2017 belastingopgawe betyds ingedien nie (want sy hande kon teen daardie tyd nie meer optel nie), maar gevra dat sy suster haar daarmee sal help, en gesorg dat sy logboek tot agt weke voor sy dood op datum is – die dag toe hy ophou saamry het.

Hy het dit gedoen, want sy liefhê van Annaleen was 'n totale liefhê; 'n Liefhê waarmee hy met sy hande haar paaie gelyk gemaak het. En toe sy hande nie meer kon nie, met sy mond haar paaie gelyk gemaak het. En toe hy nie meer daar was nie, deur sy vriende en familie haar paaie gelyk gemaak het. Want Annaleen was die liefde van sy lewe. En hy het dit elke dag van sy lewe vir haar gewys. En elke dag daarna.

crunch-tyd

dis Desembertyd
en feestyd
en mooityd
en kamptyd
en saamweestyd
en braaityd
en lagtyd
en maerweestyd
en paartietyd
en seetyd
en speeltyd

en al is die tuin groen
en die geyser vol
en die swembad blou
die kinders gesond
die buite soel
en die wyn koud

voel ek aan my lyf hoe die toneel wat voor my afspeel
in 'n outydse swart en wit fliek begin verander
net soos elke single jaar voor dit

daai flieks waar die restaurante vol raak,
warm en vol mense en lag en kos en musiek
en die eensames buite in die straat staan
en inkyk deur die venster

want hierdie tyd van die jaar is knerstyd vir singles
dit ís nou maar net so
alles raak swart en wit
is jy in of is jy uit

kuier jy saam met gesinne voel jy uit
kuier jy alleen voel jy uit
tussen geliefdes en vriende voel jy uit
selfs tussen ander singles voel dit net af

en al die wyn en kuiers en saamwees kan dit nie salfsmeer nie,
want dis real ...
en mens moet dit oorleef

en ek sien hoe ek met al my geluk en tevredenheid en
connectedness en completeness 'n diep asem vat en onderwater
gaan om te swem na die ander kant toe ... waar ek na
Oujaarsaand sal opkom

en met gemak die vermurwenheid van my sal afgooi
en weer fabulooslik en sterk en onafhanklik en gelukkig sal wees
seëvierend in my single status
oorwinnaar van my lewe
heeltemal flippen oukei

maar nie Oukersaand
of Kersdag
of Oujaarsaand nie
ook nie môreaand nie
en ook nie vanaand nie

definitief ook nie vanaand nie

die vasbyters

ek het sulkes anderdag
weer lank bekyk met my hart
die vrou wat bly terwyl sy lankal al wou gaan

haar lag kom te laat, of hyg soos 'n ou kar teen 'n bult uit
haar woorde is min, of klink soos 'n lap wat skeur
en haar mond trek in 'n dun skrefie as sy in haar eie dink begin
verdwaal

snags bekruip sy haar bed
sodat sy saggies en versigtig langs haar slapende man kan
inklim
en kan gaan lê met 'n stywe lyf en arms wat nooit verdwaal nie

haar ander helfte lyk gewoonlik nes sy
met oë wat afgerem blink
moeg van heeldag gesê wees – deur haar en die lewe

hy wil nie meer lief wees nie, want hy word nie meer gevat nie
sy wil nie meer gevat wees nie, want sy voel nie meer gelief nie

aan daardie vasbyters wat kies om te bly
ter wille van kinders, ouers, bure, onderwysers, die gemeente,
inkomste, of 'n goue medalje
wat al hoe slegter onthou hoe vervlegwees gevoel het
en geluk nog net aanplak, nie meer voel nie

vir julle wil ek sê
I salute you
cherish you
pity you
honour you
and I see you

mag jou donker wolk se randjie weer blink word
jou asem lank wees
jou gemoed sterk

en jou arms dalk net een nag per ongeluk verdwaal
net om 'n sagte hart en 'n weerbegin
aan die ander kant van jou vat te vind

ons land se probeer

ie nuwe Suid-Afrika is vol mense wat wil vaskyk in die kleur van 'n vel, en dan prentjies en verwagtinge en beskuldigings of verskonings wil aanbied of vereis, op grond van die spektrum van die kleurwiel waarin daardie een voor jou se pigment val.

Ek was die ontvanger van gelukkige grootword in 'n goeie huis, op 'n veilige dorp met groot bome en skoon strate. En goeie leermeesters, met handboeke wat al in Januarie arriveer het, en kosblikke wat soms nog vol kos huis toe gegaan het. En 'n wit vel — 'n leliewit een daarby. En net soos ek geen skuld vir enige van dit behoort te kry nie, behoort ek ook geen erkenning daarvoor te vat nie. Want dis net hoe die dice geval het vir my. Niks meer nie, maar ook niks minder nie.

Ek het nooit vir Paul Kruger geken nie; ek het nooit saam met John Vorster om die tafel besluite geneem nie, en ek het geen inspraak gehad in al die seer van ons land se gebeur of nie gebeur nie. Ek wens ek kon dit verhelp — ek sou wou — maar ek was nie daar nie. Maar ek is hiér, nóú, en wat ek wel kan doen is om mildelik om te gaan met die uitdeel van die seëninge wat my grootword my toegeval het. Want dis die een ding wat wel binne my beheer is.

Daarom kyk ek nie weg as ek verby kort beentjies ry wat met aanpass-pajamas van die hospitaal af by die huis moet kom nie.

Maar ek stop, en kyk met oë wat wil raaksien, en 'n hart wat wil voel, en bied 'n geleentheid aan. Want ek kan.

Ek sal nie die houtman wat langs sy drie-maande-dag-en-nag-uitkerf-houtbeeld sit, afstry van R500 na R100 toe net omdat hy desperaat is vir eergister se kos nie. Maar ek betaal die volle prys, en bless hom met my bewondering en waardering en dankbaarheid. En gee vir hom 'n deeltjie menswaardigheid terug. Want ek kan.

En as ek het, sal ek geld leen vir my tuinman se nuwe plafon, omdat sy vrou se sewentig nie dieselfde jare oud is as my ma se sewentig nie. En ek sal vir hulle 'n warmer winter toebid. Want ek kan. En 'n maag vind vir die oorskiet Spur-uieringe, en 'n lyf vind vir my kinders se kort langbroeke of stywe wessies. En elke week my yskas se amper-oud gaan uitdeel, en ek sal kyk om te sien, en gee wat ek kan.

En ek besef daar's mense wat moor en steel en kwaad is en wil wegtrek, maar my arms is nie lank genoeg vir al daai nie. My arms is kort, vir hier om my vat en help. En my oë kyk voor my.

Want oorkant my dorp, daar waar mens se hart soms te seer is vir gaan ry, daar bly mense wat ook nie kan help hoe die dice vir hulle gerol het nie. Wat soms op die ouderdom van twaalf jaar al agt Comrades-maratons gestap het, en al ses maande lank gevas het. En nog nooit die lig aan die einde van die tonnel sien aankom het nie, ten spyte van hul beste probeer. En meer verdien.

So vir al die mense wat nou nog kwaad is vir Paul Kruger, en Jan van Riebeeck of Shaka Zulu, of daardie konsentrasiekamp-span . . . let's face it — al daai mense is al lankal onder die grond. En om jou vinger in die lig te waai vir 'n man se verkeerd wat lánkal nie meer hier is nie, is nie 'n vorentoe nie, maar 'n agtertoe. Die realiteit is die enigste spelers wat oor is op die bord, is ons. Niemand anders nie. En al wat regtig gaan saak maak môre, is wat ek en jy vandag doen. Niks anders nie, net dit.

So praat met respek, en luister om te hoor, en probeer help dié wat regtig wil probeer. Met arms en 'n hart wat oop is vir die mense van Afrika wat wil opstaan. Want hierdie is ons land, en ook ons mense.

Sodat ons op 'n plek kan kom waar almal wat wil vorentoe gaan, saam kan vorentoe gaan. En omdat ons wil vorentoe kyk, nie meer agtertoe nie. Want ek glo dit kom my, en jou en hulle toe, en ons almal se kinders. En ek glo ons kan.

'n dag saam met jou

die kranse het vandag vir jou in gelid gestaan
terwyl ek die Lewe vir jou gevoel het, boetie

ek het deur die branders gestap
en die bitterkoud gevoel
jy sou wou swem, as jou lyf hier was

ek het vir jou daai Leeuklip uitgeklim
daar bo gesit
na die aarde se stem geluister
jy het op jou rug gelê
doodstil, ek en jy

ek het vir jou die skoon in die lug ingeasem
vir jou die see in die wind geruik
vir jou die son op ons velle voel bak

jy het vertel van elke sewende brander
van Dreunkrans en Cloverleigh, kreef duik, perlemoen slaan
en toe het jy weer gepraat soos Enzo, van *Big Blue*
en ons het gelag, van onthou
en toe gehuil, van verlang
en toe weer doodstil, ek en jy

ek het vandag die lewe vir jou gevoel, boetie
my verknog aan jou nabywees
jou soos 'n kombers om my gedraai
die gat in my hart voel pyn

en toe kom die wind
en waai jou weer weg
en ek alleen

blommeveld

my hart wil in 'n blommeveld gaan lê
die son op my vel voel bak

weer vir 'n oomblik onthou hoe dit voel
om 'n kinners te wees
wawyd groot te droom
vreesloos lief te hê
en dapper verby grense te kan voel

net vir 'n mirrag wil ek daar lê
en vergeet
en net wees

tot die blommetjies toemaak
en die son gaan lê
en ek weer huis toe sal gaan
en verder groot en dapper sal wees

die real world

*M*y ma sê altyd dit is maklik om enlightened te raak as mens soos Buddha vir twee jaar op 'n berg kan gaan sit, want daar is niks daar bo wat jou kan uitdaag nie. Volgens haar is dit die mense wat in die *regte* wêreld hulself en hul omstandighede kan oorwin, wat die ware kroon verdien.

En ek besef in vandag se dae is die internet of virtuele wêreld daardie berg waarvan my ma altyd gepraat het – die plek waar jy kan gaan wegkruip en jouself kan oortuig jy is perfek. Dis die plek waar jy kan vertel hoe skoon jou huis is, terwyl net jou kop en hande onder vrot kos uitsteek. Die plek waar vrouens op porn sites onderstebo akrobatiese bewegings kan maak (en elke kwylende volgeling se standaard word), terwyl hulle na die tyd 'n sweetpak aantrek en by die huis sê hulle is nie lus vir seks vanaand nie. Waar kinders soos vlermuise in donker kamers miljoenêrs raak, terwyl hulle nog nie weet hoe om 'n broodjie te smeer of hulle bed op te maak nie.

Die virtuele wêreld is die nooit-alleen-nie, terwyl jy in die regte wêreld soms moet leer om net by jou eie menswees alleen te wees. Dis die ek-blok-jou-op-my-foon omdat ek nooit moeilike situasies leer uitpraat het nie. Dis die fan-club wat cheers, want hulle dink jy's 'n vrou, terwyl jy met jou baard en hoëhakskoene te bang is om by die voordeur uit te stap.

Ek sou so graag wou sien dat mense net as suksesvol gesien word as hul virtuele wêreld in sinkronisasie is met hul regte wêreld. As jy vyfhonderd vriende op Facebook het, maar ook 'n goeie vriendekring in jou regte lewe om by te huil en te lag. As jy 'n kookblad het, en ook kan kosmaak vir jou eie kinders dat hulle hul borde uitlek. As jy 'n transvestietblad op die internet het, en ook met hoëhakskoene en groot selfvertroue deur jou eie dorp se strate kan paradeer.

Die regte wêreld is die mense en dinge wat jou oë sien as die krag afgaan op die skerm. Dis die praat wat gepraat word as jou WhatsApp gecrash het. Dis die komplimente wat jy kry by mense wat jou in al die kleure van die reënboog al sien opstaan en val het, en steeds liefhet.

So, as jy weer op die skool se WhatsApp-groepie vir 'n mamma se grappies lag met 'n skewe-oopmond-emoji, en dan vanaand langs die vuur saam met jou vriende skinder oor hoe groot haar boude geword het, en hoe vals sy is, vra jouself af — is my regte wêreld gesinkroniseer met my virtuele wêreld?

Want dit voel net nie baie eg dat jy in die onsigbare wêreld bekend raak as 'n befaamde landskapsargitek, terwyl jy in jou eie tuin nie eers 'n klontjie gras onder jou voete kan laat groei nie. En as jy in 'n wêreld wat nie bestaan nie meer eg mag wees, as die wêreld waarin jy geplant is om regtig saak te maak nie.

onder namibië se sterre

ek het onder 'n Namibië-naghemel gelê
en daar verwonderd
my slaap vir net Wees verruil

die rivier se water was maanblink
die veld was jakkalshuil stil
die hemel se dak geplak met spierwit juweeldiamante
die nag soel en veilig

en daar
onder die sterre
met my kinders se slaapasems hier teen my menswees
het ek net stil gelê, en geweet
Sy plan vir my lewe is goed

oor boyfriends en baadjies

om 'n boyfriend te kry teen die alleenwees hier binne
is soos om 'n jas aan te trek teen die hitte daar buite
dit maak net geen sin nie

want sommer gou-gou kom sit die benoudheid aan jou hart
'n ergerword – nie 'n beterword nie
en moet die jas uit, en die boyfriend gaan

dis-nie-jy-nie-dis-ek
groet sy ma sy pa sy vriende sy kinders
sien julle nooit weer nie
al die liefraak verniet

môre weer iemand anders
in die bed
uit die bed
kinders, ontmoet die oom
kinders, sê bye vir die oom

daar is so baie mense wat hulleself besig hou om te voel of hulle
iemand het
net om aan die einde van die dag altyd te voel of hulle niemand
het nie
boyfriend-vat-vir-besig-bly doen dit aan mens

so, aan al die geskeides, wewenaars, weduwees wat hol in die
wind
met die kinders wat moet vasklou aan jou jasflappe
altyd op soek na nie-alleen-wees-nie
gooi jou ankers uit
raak 'n moederskip vir jou huis
nie 'n seiljag ronddobbertjie, altyd soekend na 'n hawe
met kinders wat altyd moet waai in die boyfriend van die maand
se wind nie

word rustig
staan sterk
met jou kinders veilig
onder jou vlerk

en vind geluk in jou huis
jou kinders
jou lewe
jou hart

en dalk, net dalk
binne die lekkerkry van jou vrywees-lewe
kom daar 'n beautiful soulmate-mens verby
(nie 'n kerjakker-windflapper-besigbly-speletjie nie)
en omsingel jou met sy regwees-liefde
sy oë gerig op die môrester

my lyf

My lyf is vir my 'n lekker plek – niemand daar binne slaan mekaar of word kwaad vir mekaar nie. My hart leef in vrede met my kop saam, en my beste probeer met my seerste onthou. En as ek nog 'n glas wyn wil drink, moet my boude maar nog bietjie wag vir daardie 28 dae eier dieet se skouspelagtige voor-en-na-foto's, want later is nooit so lekker soos nou nie.

Soms is my hare skuinsbedonnerd en lyk soos 'n Dulux-hond se kapsel na 'n onderonsie met 'n bliksemstraal, maar dan trek ek maar net daardie duur Woolies cleavage bra aan en hou heeldag oogkontak – meeste mense konsentreer só om nie af te kyk nie, dat dit hulle heeltemal ontgaan om boontoe te kyk.

En as ek die dag wakker word en my oogplooie lyk soos 'n sharpei s'n wat sy wange verslaap het, wend ek my summier tot een van my Marokko-gewade, met 'n kleurvolle band oor my kop en 'n groot iets wat aan 'n lang, silwer ketting om my nek hang. Dan lyk ek só wild geklits dat almal, as hulle my sien aankom, onmiddellik wegkyk en spontaan met die mense langs hulle begin kleinpraatjies maak, en my oogvelle met vlieënde vaandels ongesiens die dag oorleef.

Maar my lyf se saamwerk kom summier tot 'n einde as dit by die onhebbelike tien cocktail-worsies kom wat aan my voete vasgegroei is. Want met die beste wil in die wêreld kan daardie span klein varkies nie hulleself soos 'n elegante versameling swane gedra nie. Nope. Hulle peul by al wat sandaal of netjiese skoen is se asemgleuwe uit, hyg ongemanierd deur enige hoë-hakskoen se klem, en as ek langs die see in my strandgewaad lê en elegant soos al die ander ordentlike mense in die verte probeer tuur, bondel hulle gewoonlik spekvet en blink tussen die sandkorrels uit, elkeen in sy eie windrigting.

En ja, my boude is te groot, en my plooie te veel, en my enkels te dik, en my praat te hard en my voel te diep, en my kwaad te kwaai en my lê te lui, maar dis ek . . . in my volle glorie. Gemaak deur die Jirre Homself, en gestempel met Sy eie stamp of approval. Original.

En ek en my beste probeer sal sag wees met hierdie lyf, en met die siel in hierdie lyf. En sal net soos ek is ook eendag met al my Tania-ness, al juigend en onvolmaak en mooi en real met al tien onhebbelike tone oor die wenstreep kom. Dit weet ek vir seker.

die leermeesters

hulle is wyd gesaai in ons elkeen se voorlewe
daai mense wat jou rug kom steek het
jou wortels kom afkap het
jou hart kom trap het
jou asem kom steel het
wat jou dam vol trane kom oopdraai en jou hoofslagaar kom
toedraai het

die gulsige eksvrou
slapgat man
skelm vriend
suinige eks
dronk ma
verlore kind
slegte pa
whatever

hulle is die skeidslyntrekkers
before and after
we love to hate them
maar nou is dit klaar

gaan sit op 'n stil plek
(nie môre nie: vandag!)
en vergewe hulle, een vir een
jou Leermeesters

want dis hulle
wat met hulle pyn
en duisternis
en emmersvol seermaak
jou hart kom oopmaak het
jou wortels laat diep groei het
jou vlerke laat sprei het
jou sterk gemaak het
en jou sag gemaak het
en jou beter gemaak het

sê dankie dat hulle bereid was om hierdie les vir jou te kom leer
hierdie groei vir jou te kom gee
en gee vir hulle jou vergifnis
en jou liefde
en dan maak jy hulle vry
en laat hulle gaan

want jy wil
en jy kan

en dan lig jy jou ken en jy vlieg
net so hoog soos jy wil
want jy is Lig en Vry, Koningskind

vanaand

ek het vanaand
terwyl ek die mash gesmash het
besef ek het vergeet om jou te onthou vandag

vir die eerste keer in jare der jare
het ek wragtig vir een dag vergeet om jou te onthou

ek het alles net so gelos
vir my 'n glas rooiwyn gegooi
en buite met die maan gaan cheers

en daar buite toegekyk
hoe die laaste goue drade
waarmee jy nog aan my vas was
uiteindelik
wegdryf
en verdwyn
tussen die sterre

oor perspektief

en so raak die twee toe eendag aan die stry
oor die voorkoms van 'n R10 noot
elkeen hardkoppig om sy eie prent te verduidelik
het hulle gestry en gestry
vir sewe dae en sewe nagte lank

alles tevergeefs
sy kon nie vir Nelson sien nie
hy nie haar renoster nie
en uiteindelik het albei uitgestorm, woedend:
"daai een is verkeerd, ek is reg!"

sy het almal vertel hoe stupid hy is
dat hy nie eers weet hoe lyk 'n R10 nie
en vir hulle haar kant met die renoster gewys, as bewys

hy het almal vertel hoe stupid sy is
dat sy nie eers weet hoe lyk 'n R10 nie
en vir hulle die prentjie van Nelson gewys, as bewys

sewe jaar later toe stry hulle steeds
teen daardie tyd ook oor die R20 noot en die R50 noot
en uiteindelik besluit hulle hul moet maar skei
en verduidelik, "Ons het uit mekaar uit gegroei."

albei heeltemal reg
albei heeltemal verkeerd
verswak tot 'n halwe helfte van die geheel
net omdat nie een bereid was
om net die noot om te draai
en te kyk na die ander een se kant van die prent
en te besef dieselfde waarheid het soms meer as een gesig nie

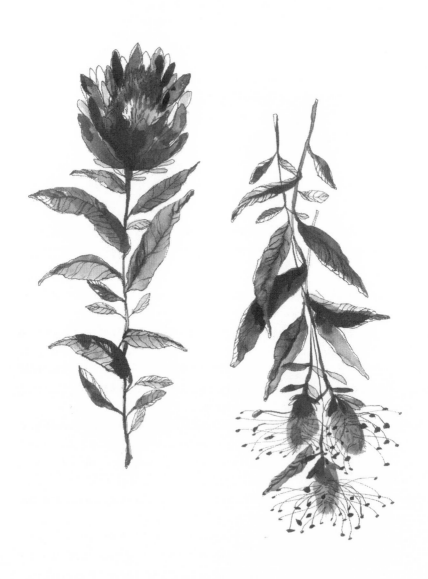

die hospitaal

*I*n my dorp is die hospitaal 'n lang, raserige, skaduweelose bult-af stap van die township af. Deur die middedorp, oor die rivier, en dan weer bult-op in die stil, boomryke straatjie by die grênd mense se huise verby.

Meeste dae sien mens maar 'n storie hospitaal toe stap. 'n Stukkend geslaande lip wat pronk onder 'n toegeslaande oog, al korrelend met 'n lastige systappie op pad bult-op . . . gewoonlik met 'n ewe trietsige volgeling van die teenoorgestelde geslag wat al kwetsend en verwytend agternakom.

Soms sien mens kleintjies wat huilend moet aankom op beentjies wat nog net liniaaltjielank is, wat al vroeg ingeloop moet word in moedelose vêrstap in. Of oumas . . . wat dubbelgevou van ouderdom en verantwoordelikheid hul oorlede kinders se siekes moet aanbring, in arms wat nie meer kan nie, of op bene wat nie meer wil nie.

Al die soorte seer van die lewe stap in daardie straat op en af. Maar, dis altyd die jong mammas wat met piepklein en dik toegedraaide bababondeltjies terugstap van die hospitaal af, wat die langste by my bly. Babies wat teen middagete klaar gevang is, en weer op pad terug township toe is: waar die lewe vir hulle sal begin, sonder baby shower of trompetgeskal. In 'n wêreld waar jy dun sop met 'n vurk moet leer eet. Laataand-boepmagiestraatstap moet loop agter grootmense aan, of stofsit moet leer stilsit langs wasgoeddrade saam met vaalgekoekte hondemaats.

In my dorp is die hospitaal 'n lang, raserige en skaduweelose bult-af stap van die township af. Deur die middedorp, oor die rivier, en dan weer bult-op in die stil boomryke straatjie by die grênd mense se huise verby. Hartseer kykgoed wat in strokiesprent-kortstories lang lewensverhale vertel.

Tot jou sien te seer raak, en jy maar 'n mooi fluweellappie moet gaan haal om oor jou voel te gooi, en vir so paar dae eerder die lang pad werk toe ry. Waar gesonde mense met neon tekkies flink stap, om hulle lywe mooi te kry vir Desember se lang vakansie by die see.

op pad Damaraland toe

My lyf is uiteindelik op pad Damaraland toe. Met 'n klein sak klere, 'n groot sak kamera-goed, 'n hoed, stapskoene, sonskerm, en my siel — wat deesdae ingepak kan word in daardie klein reissakkies wat mens koop vir bêregoed wat nie baie plek vat nie.

Ek gaan my "niks-meer-lekker-nie's" daar in die rooi sand begrawe, myself soos 'n perkamentrol uitrol op die grondpaaie, en neerlê tot die Namib se reën my siel weer kom water gee het. Ek gaan my vel toesmeer in lae en lae Afrika-salf, sodat dit saam met die Namib-son kan intrek in my wese in, en in my hart se Leegwees-krake kan kom insypel en my dors kan kom les. 'n Dors vir meerwees, maar ook minderword. 'n Totale versugting vir genoegwees, die gevoel wat deesdae groewe in my alledaagse lewe begin skryf het.

Ek gaan elke oggend opstaan vir die son se opkom, sodat die Here Sy Hoop weer oor my gesig kan kom skryf. En hoog op 'n bergrots uitklim, en daar sit tot elke dag sy gordyne toegetrek het.

En ek gaan stil word. Doodstil. Sodat ek kan luister tot ek weer my hart se stem kan hoor en ek weer my pad kan vind na die Groot Rivier toe, daar waar my voete skoongewas en gesalf kan word.

En as dit alles verby is, sal ek met 'n weerbegin my gesig na die suide toe draai. En met die Namib se son agter my, met 'n wapperende vlag weer my teenwoordigheid op die speelveld van my lewe gaan aankondig. Waar ek dapper my rol in die Groot Spel sal speel, tot die Skeidsregter sy fluitjie blaas, en ek uiteindelik sag in die Groot Stoel kan gaan rus. En net sal lekkerkry . . . vir al die dae van die res van my Lewe.

die sjampoe-girl

ie peetkind van die kinderlose twee het elke jaar met sy verjaarsdag 'n pienk geldjie in 'n koevertjie in die pos gekry, en twee bloues in 'n kaartjie op ons troudag. Hy was hul enigste naasbestaande – hul papierkind.

Ek het die oom, die peetpa, net een keer ontmoet. Die tannie reeds paar jaar oorlede. Sy swaar Ierse tong het doof op ons ore geval, 40 jaar se nooit-bel onoorbrugbaar op 'n kronkelpaadjie van ordentlikheid. Paar maande later het hy 'n hartaanval gekry. Die oggend, daar in sy toilet. Die buurvrou het op hom afgekom 'n dag later. Sy vertel hy het onwaardig gelê – onkant gevang deur die dood.

Later het die prokureur gebel en laat weet die peetkind is die erfgenaam van alles. Hy het gevra ons moet kom help; die oom se lyk word oud en niemand doen niks nie. Ons, wat die oom nooit geken het nie, was sy naaste omgeemense. Sy kringetjie was heeltemal leeg.

Die papierseun en ek het ons twee kindertjies gevat, geld geleen, kis gekoop, begrafnis gehou, yskas leeggemaak, sy huis opgepak en hulle hele lewe se herinneringe kom bymekaarvee in 'n skoppie. Daar was niemand anders nie, geen geliefdes nie. Net 'n getraumatiseerde buurvrou, 'n papierkind . . . en die sjampoe-girl.

En na die kerk het ek in 'n berg van die tannie se liefdesbriewe sit en huil. Oor die leemte van twee oumense sonder geliefdes, wat dood is na 'n hele lang lewe sonder 'n enkele mens om te onthou. Ek het gehuil oor haar antieke juweeltjies wat nie meer 'n storie het nie. En oor ek onderbroeke moes wegpak van 'n man wie se sinne ek nie verstaan het nie. En ek het gehuil oor 'n kas vol blou pilletjiesgoed, vir as die sjampoe-girl kom kuier. Die een wat vêr van die township af moes stap om respekte te kom betoon, en heel agter in die kerk gesit het. Die een wat haar lover deurskynend moes kom groet.

Die papierkind was die erfgenaam van hulle hele lewe se by-mekaarmaak: R800 in die bank, 'n 1985 ligblou Toyota Corolla, leë memories, en hartseer skaduwees. Ons is daar weg met alles wat oorgebly het, die meubels geverf en oorgetrek, en dit in ons lewe begin verweef.

Die tannie se stoel het my stoel geword. Daarin het ek soms net gesit, en gehuil, tee gedrink, en later weer opgestaan en kopgehou, vir haar. Soms met lang, yskoue glase gin-en-tonic die sisterhood beleef, en baie gelag, vir haar. En onthou-komberse geweef met my kinders en geliefdes. Vir haar, die vrou wat ek nooit geken of gesien het nie. Want haar storie het aan my hart kom gryp, en omdat haar juwele-sonder-storie aan my lyf moes kom memories maak.

Soms, dink ek aan die oom, wie se skaduweelewe nooit sy regte lewe kon word nie. En ek dink aan die sjampoe-girl, wat onsigbaar buite die kring moes staan toe ons die kis laat sak het. Almal het geweet sy is daar, maar niemand het omgekyk om haar te laat inkom nie.

Maar meestal dink ek aan die sewentigjarige tannie, wat aan 'n gebroke hart dood is.

Van 'n man met blou pilletjies. 'n Papierkind as naas familie. En as haar enigste kennis, 'n dertigjarige sjampoe-girl. As kompetisie.

eendag as ek groot is gaan ek my eie regte linne hê
olyfgrys, of aardsbruin
of die kleur van *Chefchaouen* se mure
met wit perkal-lakens
en 'n dun kantgordyn wat in die aandwind 'n sagte boog sal dans
terwyl die maan op ons lywe skyn

en my eie masseuse
met verstaan-oë en diep hande en geduldige gaan haal
terwyl 'n ding-dong houtjuweel
die ritme van die stil raak
iewers saggies en vêr sal fluister

eendag as ek groot is gaan ek 'n kruietuin hê
met 'n klippaadjie en rose geranium
vinkel, roosmaryn, wilderoket, laventel en salie
en 'n suurlemoenboom
vir koue drinkgoed op lang, warm buite sit aande

en hoë, lang vensters
met 'n breë vensterbank vir net sit
en kyk oor die olyfboord
en die water
en die berg
en die sterre

ek sal 'n man hê wat met kreukeloë lag
en lang stories kan gesels
of 'n hele sonsak net kan stilbly
en by my wees

en 'n skryftafel
wat uitkyk oor die populierwoud
met venters wat in die lente na jasmyn ruik

eendag as ek groot is gaan ek in daardie lewe wees
en met soveel sagtheid en deernis
hierdie kosbare nou-tyd gaan haal
en vertel van laatswem-aande
silwer sterre
'n huis vol vriende
lang grondpaaie en kiekies van onthou
en my lieflingkinders se vashou
en te veel wyn en lag en trane en lekker

en dan sal ek stil raak
en skryf oor toe ek jonk was
en die lewe net so bietjie perfek was
soos nou

die stilte in jou kop

Daar is net een plek in die hele wye wêreld wat net aan jouself behoort, en dis jou kop – jou gedagtes.

Mens se hart is soos 'n wilde woestynperd, wat jou op looptou neem agter liefde en hartseer en pyn en instink en geluk en teleurstelling aan, met arme jy wat met die beste wil in die wêreld altyd net agterna moet kom. 'n Hart laat hom nie voorsê nie, want dis jou voel. En dis goed so.

En mens se lyf is 'n uitleen – vir werk, of kinders liefhê, of lovers vashou, of gunste doen, of mense aanry, of inkopiesakke aandra, of brood bak of brekfis maak en die lewe leef.

Maar jou kop is jou dink ... JOU dink. Daarom moet jy altyd met die grootste mooi voor jou dink gaan staan, en oor jou gedagtes waak. Dis jou plek van vrede, jou plek van rus – jou space. En dit is ook die plek waar jou glo begin (of eindig). Vergewe jouself, prys jouself, droom mooi van jou vorentoe, gaan dapper met jouself om. En spreek lewe oor jou lewe, en oor jouself. Nie verdoemenis en onheil, en siekte, en dood nie. Maar lewe.

Gaan sit vandag en trek daai onkruid uit, al die leuens wat jy jouself laat glo, want dit hoort in die land van dood, nie in die land van Lewe nie. En plant 'n blomtuin in jou kop. Een wat mooi maak, en lekker voel, en joy bring, en jou laat meer word – nie minder nie.

Waak oor jou gedagtes, en maak jou kop 'n plek van vrede. Want daardie ruimte is nét joune, *your place of safety.* Vandag, en elke dag van jou lewe.

oor single wees

As ek 'n boek kon hê vir elke maand wat ek al single is, sou ek teen hierdie tyd al 'n hele kleuterskool van boeke kon voorsien. Kosbare jare na my egskeiding waarin ek nie net 'n toeskouer van my eie liefhê geword het nie, maar ook 'n toeskouer van al my vriende en vriendinne se lekkerkry, bymekaarbly, weer probeer, agterna huil en kan-nie-meer-nie's. As ek al daardie boeke se lees en leer in 'n paar lesse moes saamvat, sou dit die volgende wees:

As jy op die dating site cruise, ignoreer toenadering van mense met name soos "Die Jackpot", "Stokkie", "Ladiesman", "Soenmytoe", "Moegviralleenwees", "Theperfectman", "Kannie-meernie", of "Moegprobeer". Vermy ook mense met profielfoto's van selfies waar hulle op die bed lê en al pruilende in die lens in tuur, veral as die mans kaal bolyf lê met borshare wat soos 'n pels om hulle drapeer is. Niemand van hulle gaan 'n bottel rooiwyn oopmaak en jou glas eerste vol maak nie, dit belowe ek jou.

Wanneer jy op 'n eerste date gaan, vra sommer vroeg al vir daardie mens hoekom is hy of sy geskei. Nie omdat jy wil weet nie, maar omdat jy wil hoor wat hy of sy sê. As hulle wegtrek en dadelik die ander een blameer, sit net daar jou servet neer en hol weg, nog voor die voorgereg gekom het. Want jy gaan nie oor tien jaar nog lekker langbeen saam met daardie mens om 'n vuur sit nie, daarvan is ek seker.

As hy jou uiteindelik nooi om by sy huis te gaan braai en sy vriende moet vuurmaak en vleisbraai terwyl hy soos 'n Zulu-koning sit en heelaand bier drink (al is hulle gewillig), sorg dat daardie slaaitjie wat jy in sy kombuis aangeslaan het, die laaste een is. Want Zulu-konings trek nooit self die onkruid in hulle eie tuin uit nie, en regeer hulle koninkryk met 'n ysterhand.

Dis omtrent al wat ek het om te sê van ander mense, die res gaan alles oor jou, want jy is immers die een wat jy uit jou geskiedenis moet gaan haal om saam te vat in jou toekoms in . . .

Sorg dat jy hou van jou lyf, maak nie saak hoe dit lyk nie. 'n Wyse boyfriend het eens vir my gesê hoe my lyf lyk is nét vir hom 'n probleem as my lyf vir mý 'n probleem is – as my lyfskaam my keer om saam met hom in die see te swem, of saam met hom teen die bergrivier op te swem. Dit het nie . . . en hy was mal oor my. Mens hoef nie maer te wees om lekker te wees nie. Maar as jy van kas tot kas moet hol om alleen in jou eie huis kaal te loop, moet jy maar boot camp toe gaan, want jou lyf moet vir jóú lekker wees. Punt.

En as jy van wyn en kos hou, kies vir jou 'n maat wat deur multifocals na jou kan kyk. Want jou waarde gaan waarskynlik nie vir altyd in jou lyf lê nie, en iemand wat net 'n lyfbril het se lense gaan dalk mettertyd uit fokus uit na jou begin kyk. Buitendien wil geen mens sy hele lewe lank slaaiblare kou om die blinkste trofee op 'n ander mens se kas te wees nie.

As jy kan, soek vir jou 'n maat wat buite die reëls en lyne kan beweeg, want as hulle hulself kan toelaat om dit te doen, sal hulle jou ook toelaat om dit te doen. Jy wil nie jou hele lewe eksamen skryf met 'n beminde wat rooi kruisies oor jou vrywees trek nie – dit gaan jou oud maak nog lank voor jou kakebeen begin sak het.

As mens single is, word jou vriende mettertyd ook jou familie. Laat net mense in jou sirkel toe wat verdien om daar te wees; dapper siele wat spieëls vir jou kan wees, wat vir jou sal sê as daar gesê moet word, en sal omsingel as daar omsingel moet word. Liggewig-mense word saam met die eerste wind weggewaai, so omring jouself met anker-mense, en sorg dat jy self ook 'n anker is, want dan sal jy nooit alleen wees nie.

En as dieselfde patrone oor en oor afspeel in jou verhoudings is dit waarskynlik oor jou, nie oor hulle nie. Want jy is die enigste een wat in al die stories teenwoordig is. Gaan sit en trek die dorings uit jou eie hart uit wat bydra tot slegte patrone. Jy verdien 'n doringlose weerprobeer.

En meeste van alles verdien jy mense in jou lewe wat jou sal vashou, en jou nooit aan jou eie waarde sal laat twyfel nie. Elke mens verdien om vasgehou te word, nie laat val te word nie. Vind vir jouself iemand wat jou styf sal vashou.

Om weer te kan kies is 'n voorreg en 'n reis, nie 'n straf nie – 'n Camino in sy eie reg. Sit jou voete op die dashboard, speel daardie musiek, en geniet elke tree van die avontuur. En onthou: ook jý is waardig om liefgehê te word. Moet dit nooit ooit vergeet nie.

die liefde

ek het vandag herkou aan liefde, en al die gesigte daarvan

mens het fietsjaag-liefdes
waarmee jy later nog net aan jou tande hang
maar uiteindelik tog maar jou greep verloor
ten spyte van jou beste probeer

en Harry Potter-liefdes
saam met wie jy al vyf bundels geskryf het
en skielik besef jy is op die laaste bladsy van julle storie

en belofte-liefdes wat op die horison wink
waarvan jy skaam soos 'n bokkie moet wegkyk in die verte in
en maak of jy nie agterkom die jagter kom al nader nie

dan is daar die murgbeen-liefdes
wat soos kompos die penwortel voed
en altyd net die regte dosis water gee
om jou sterk en dapper die stormwinde te help trotseer

en die pik-en-graaf-liefdes
wat ten spyte van jou hardste vloek
steeds inbeweeg en die hardnekkige onkruid kom uittrek

en die sout-en-peper-liefdes
wat met groot of klein knippies
elkeen sy eie dimensie aan die smaak van die lewe kom bydra

en laastens, die droëwors-liefdes
wat winddroog en uitgemergel
die jare saam met mens trotseer
en lekkerbek en vol speserye
elke hap van die lewe die moeite werd maak

ons reënboogland se mense

Ons reënboogland se mense hekel toevoukomberse vir ons nageslag, met ons woorde en ons dade en ons gedagtes van elke dag. En vir my het ons nasie net vier kleure mense – en dis nie die kleur van ons mense se velle nie, maar die kleur van die komberse wat ons vir ons kinders hekel.

Die blou span is die mense wat vir almal 'n plek in die son gun. Hulle herken mekaar, kyk uit vir mekaar, help mekaar en staan op vir mekaar. Die blou span bekommer ook en huil saam oor ons land, maar hulle staan saam, is die aanhouers, die vasbyters, die planmakers, die hierblyers. Bedags bou hulle brûe na al die reënboogmense se harte toe, en snags sit hulle om die vuur met hul geliefdes, en hekel hul nageslag se komberse met drade van geloof, hoop en liefde. Hierdie span se mense praat in al elf tale, hul velle is al die kleure van die reënboog, en hulle nageslag se komberse is blou, en warm en sterk.

Die rooi span is die mense wat meestal kwaad is, en ander mense steek met messe, woorde, podiums of sosiale media. Hulle hou van twee keer praat en een keer luister, en hul stemme klink soos tsunami's. Op hulle eie raas hulle nie hard genoeg dat almal kan hoor wat hulle wil sê nie, daarom beweeg hulle in troppe. Bedags val hulle hekelpenne en wol uit hulle sakke uit terwyl hulle baklei, en snags, as hulle wakker lê van kwaad, knoop hulle gatkomberse met vloekvingers aanmekaar vir hulle nageslag.

Die span se mense praat ook elf tale, en hulle velle is ook al die kleure van die reënboog, maar hulle nageslag se komberse is rooi. Bloed se rooi.

En dan kom ons by die groen span. Dis die span wat sy buurman se hekelwerk wil uittrek om hulle wol te steel, omdat ander se wol altyd mooier lyk as hul eie. Dis ook die span wat 'n hekel-komitee wil stig, en wette wil opstel om hekelwerk te reguleer. Dit alles terwyl hulle self nog nooit 'n steek gehekel het in hul lewe nie. Hulle nageslag se komberse kom nooit klaar nie, want snags, as hulle saam met hul mense voor die vuur moet sit en komberse maak, snork hulle grootbek en lui onder sylakens en droom van vet varke en goue lepels. Dié span se mensvelle is alle kleure van die reënboog en hulle praat ook elf tale. Hulle komberse is bont – gemaak van al die lap wat by ander gesteel is – en word met groen wol aanmekaar gewerk met lomp uitrafelsteke waardeur die wind kindertjies koud waai.

En laastens is daar die onhekelaars. Hulle leer nooit hekel nie, en hulle arms leer nooit optel nie, want snags kom daar 'n voëltjie en hekel twee steke vir elke kind se kombers. En bedags rafel die onhekelaars daardie hekelwerk weer uit, en verkoop die wol aan die groen, blou en rooi spanne vir kos.

Ons land is 'n lappieskombers, gehekel en saamgewerk deur elkeen in ons reënboognasie se beste probeer. En saam hekel ons die toevoukomberse wat ons nageslag eendag moet warm hou en beskerm, teen die winde van verandering wat nooit ophou waai nie. En teen Moeder Afrika se son wat soel, maar ongenaakbaar, haar lig altyd oor die kinders van haar land sal laat skyn.

Ek is 'n kind van Afrika, en my trop herken ek nie aan die kleur van hulle vel nie, maar aan die kleur van die hekelkombers wat by die nate van hulle harte uitsteek.

die Groot plan

*M*ens is so geneig om altyd in die verte te kyk met 'n wil-hê-hart, en in die horisonne mense en dinge te gaan soek wat ons onsself verbeel in ons kringetjie moet kom hoort. Die realiteit is dat alles en almal wat in jou lewe moet groei en blom, self elke oggend douvoordag deur die groot Saaier op jou eie stukkie land gesaai kom word.

En dis hierdie mense wat in jou lewe geplant is, wat jy moet ken, beleef, bewerk. Dis die mense van wie se vrugte jy moet pluk, en wie se wortels jy soms moet kompos gee, en ook die mense wat vir jóú moet en gaan bewerk.

So haal jou begeerlike oë van jou buurman se vrugte af, en gaan maak die saailinge in jou agtertuin nat. En staan stil dat die mense op jou werf van jou vrugte kan pluk, en in jou skaduwee kan sit, en jou wortels kan kosgee.

Want alles wat jy moet hê, is reeds vir jou gegee. En alles wat jy nog nie het nie, se tyd vir hê het nog nie gekom nie. Wees teenwoordig in die nou, nie in die begeer nie. Want jy is altyd presies waar jy moet wees. En jy sal vir altyd wees.

jou huilplek

ek het jou daar ontmoet
verdwaal iewers tussen voel en huil
in die Vallei van Seer

waar sinne nie meer woorde het nie
en gister se onthou net asem is wat wurg
oor môre se leë neste van niks

ek het jou so sien sit in jou oorgee
aan al die lae van seerwees, en opwees, en moegwees

van wag vir jou trane
wat altyd blink en vêr
onder die reënboog lê en wag

van wag vir vrede
wat soos lug vasgevat moet word
met hande wat op is vir oopmaak
en moeg is vir laat gaan

so het ek jou sien sit op jou drom

mag jy, kosbaarmens
in ons liefhê van jou
en in die nikswees van jou stilwees
jou woorde weer vind

en mag die padkaart van jou hart
jou teruglei na die Fontein van Hoop
waar jy jou trane in pêrels sal vind
om om jou nek vas te maak

en as soldaat van die Lig
weer jou reis te begin
terug na die land van Lewe

waar ons vir jou sal wag
en om jou 'n kring sal maak
en jou sal liefhê
al die dae van jou lewe

die arend

jy het my kom haal met jou Woorde
my kom optel, en my hoog gelig
en met my gevlieg tot daar heel bo
waar die lug skoon en goud begin raak

en daar bo het jy my laat los
soos 'n prooi
in stilte

met nie eers 'n wind wat waai nie

sonder 'n woord
of 'n antwoord
nie eers 'n teken nie . . .
net laat los

vir my
en my skinkbord met wierook en mirre vir jou

en my hart
wat so oop was soos die somersoggend se vensters

en so is jy
na al daardie seer
wat van sag neersit die beste van almal moes weet
die een wat aan die einde van die dag my toe die hoogste laat val
die arend

ek is 'n meisie van suidwes

In my grootwordjare in Namibië het my pa, destyds huisdokter, nog deur die Kaokoveld gery om die rondgaande kliniek te beman. Met Oshakati-hospitaal se Ford F-250 4x4, sy Ovambo-gids Festus agterop om die pad aan te wys, en my ma ('n suster). Hulle drie het vir 'n hele week lank op die grond in die veld geslaap langs 'n diere-skrikmaak-vuur en 'n geweer. En by al die bekende hospitaalbome gestop waar daardie wêreld se mense geweet het dis tyd, en al met vaal-vêrstap-kaalvoete en krom rûe in lang rye gewag het as hulle daar aankom.

Na werk het Oshakati se mense gaan afkoel op die tennisbaan, terwyl ons blinkgewaste kindertjies langs die bane gespeel het. En soms, in die reënseisoen, het Fiena, die Ovambovrou, met my en my boetie deur die natgereënde grondstrate geloop, verby donkies wat in poele reënwater gewei en daisies gevreet het van die sypaadjies af.

Ek onthou hoe ons in die Nautedam met oranje reddingsbaadjies leer kanoe ry het op dankbare bruin water. En Swakopmund se wassery waar ons later jare gaan pool speel het, Sekelduin op Oujaar, buite slaap onder regte sterre, duine ry, !nabas uitgrawe, en hoe ons met taai hare agterop plaasbakkies gestaan en deur velde met geel grasvlaktes en altyd-perfekte-grensdrade gery het.

Ek onthou hoe ek en my boetie op Keetmanshoop se grondpaaie met brandvoete en swembroek-handdoekrolletjies onder die arms dorpswembad toe gestap het; hy om van die hoë duikplank af te spring, en ek om al gillend en skreeuend histeries van die lae duikplank afgegooi te word deur oom Wynand, my swem-oom. En dan het ons twee weer daarna met dieselfde brandvoete na my oupa en ouma se huis toe gehol, om vet-en-stroop-broodjies te eet op wit draadstoele in die suglekker koelte van hulle enigste peperboom.

Ek onthou Namibië in prentjies, en emosies. Die hitte, die stilte, die sonbesies, die vrede, maar veral die dae – onopgesmukte, gelukkige kinderdae. Die land wat my geleer het om met 'n kettie te skiet, my leer klipgooi het en my soos 'n man leer fluit het. En my geleer het om op die grond onder 'n boom langs 'n vuur te sit, nie op 'n stoel nie. Daardie onthou het deel van my bloed geword, en vloei elke dag deur my are. Want ek is 'n meisie van Suidwes. 'n Kind van rooi grond en oop vlaktes. En ek verlang na my land.

en toe

Ek is nog so lekker ek, windverwaaid en sorgeloos op my moedelose manier, toe is hy weer hier — daardie boyfriend wat ek bemin het toe ek op my mooiste en soetste en stoutste en sexyste was. Saam met wie ek my varsity eerstejaar verken het, die wêreld leer leef en voel het, die grense leer toets het, die een wat my leer maratonpraat het, en saam met wie ek "Amo, Amas, Amat" deurnag het in Tuks se biblioteek. Hy was ook die een wat met my op sy rug deur Tuks se grassproeiers gehardloop het ten aanskoue van die etende honderdes, my leer Journey luister het, my gewys het hoe om 'n Volla te kickstart, en met my op sy skouers al skreeuend deur al Sunnypark se vlakke gehardloop het om my te laat lag. En het ons nie gelag nie.

En hier is ek, amper dertig jaar later, met 'n gesig vol leefplooie, lekkerkuier-boude, en 'n mamma-lyf wat al sag geword het. En al wat hy raaksien is my hart. Want hy ken dit uit sy kop uit — hy het elke paadjie daarvan moeiteloos verken in ons jongdae.

En soos alle ou vriende is die brug na hom toe kort en breed en maklik. Want hy het my Tania gesien voor die lewe ons leer mure bou en pleisters plak het. En soos alle liefmense wat my eens geken het, sal al die leef wat die lewe al met my geleef het, blykbaar nooit sy raaksien van my kan doodkry nie.

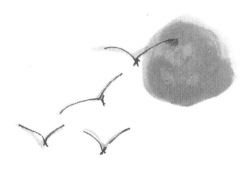

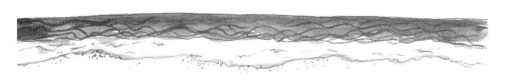

marokko

Ek het uiteindelik my voete op Marokko se grond gekry. Dit was elfuur die nag in Marrakesj toe ons taxi in die ou dorp stop. Die strate was vol mense — ou vrouens, jong kinders, donkies, kruiwaens. Ons het ons sakke in ons kamer neergesit en begin loop, na die roep van die ritmiese dromme toe en deur nou stegies by die plein uitgekom, brandende vure, dansende slange, kos, wierook en speserye. Die nag was polsend. En my vel het die voel van daardie plek herken, my ore het die ritme van die dromme se slaan verstaan. Dit het soos tuiskoms gevoel.

Ek onthou die mans wat met soet mint-tee ons tot sit gekry het. Soms in klein, oorvol juweelwinkeltjies, soms in groot matwinkels of stowwerige kleiwinkels, of wegsteekwinkeltjies langs uitgetrapte kronkelpaaie waar eeu-oue Toeareg-juwele diep uitgehaal en in uitgedraaide matlappies uitgerol is . . . "Only for you . . ."

Ek onthou die vrou met die swart klere en kopdoek, wat met swaar voer op haar skouers Toubkal se steil sneeuberg uitgestap het na haar huis in Armoud. Sy was oud en vorentoe gebuig, haar gewoonte sterker as haar lyf. Haar vel was bruin rubber van swaarkry, maar haar oë sag.

Ek onthou Omar se familie wat in hulle miershoopoondjie vir ons kos gemaak het, en buite gewag het terwyl hy saam met ons op die uitgehaalde pers blinkgoed sit en eet het, die nate van lank wegbêre nog sigbaar op hulle mooigoed. Die oom en tannie se velle was soos uitgedroogte perskes: berber-oranje. Hulle lywe tengerig van swaarkry. Hulle oë was vol moeilikverstaan, maar hardprobeer. En toe hulle uiteindelik toestem om te staan vir 'n foto, was hulle trots en regop. Langs mekaar, ons met vol mae en hulle met honger mae.

Ek onthou kleur. Ingeweef in lappe, plavei in strate, geverf oor mure, mosaïek geplak oor geboue en in fonteine, drapeer oor donkies, uitgestal in stegies, vasgewerk aan handsakke, ingebak in klei, opgeskep in borde. En meer aardse kleure waar arm mense verfloos en pigmentloos met die aarde se gee hulle sien moes mooimaak.

Ek onthou reuke. Van speserye en wierook, wat uitgestal, gebrand, tussen vingers gefrummel, en verkoop is. Reuke wat in jou brein ingaan en 'n laag kompos oor jou onthou gaan gooi.

Marokko is 'n land wat mens met jou sintuie onthou, maar dis in die voel van Marokko waar my hart se terugwens lê. Dit voel soos gesalfde lug; 'n gevoel van totale geborgenheid waarvoor daar nie woorde is nie.

En aan die einde van my kuier, op 'n veerboot op pad na Spanje, met die rots van Gibraltar voor ons, het ek agter gaan staan en teruggekyk. Soos iemand wat van 'n beminde wegry. Ek het gekyk tot Marokko se land slegs 'n strepie was. En terwyl die trane gevloei het, gebid. Vir 'n weersien. En 'n weervoel.

ego

Ek het hom daardie dag die eerste keer gesien . . . my Minister van Liefde . . . Keeper of my heart . . . my Ego!

'n Rigiede en verwronge ou man. Met 'n stukkende vuil mantel, 'n dun verbete mondjie, en 'n dowwe, skewe ou kroon. In sy linkerhand die goue opskeplepel waarmee die Liefde van my Hart vir die wêreld uitgedeel moes word. Sy regterhand lankal vasgegroei aan sy beminde Weegskaal . . . vir elke sekonde van elke dag se tellinghou tussen Gee en Neem.

En toe ek voor 'n mens kom staan vir wie ek sewe oseane vol liefde lief was, en my ego nader sluip om die terugkry daarvan in milliliters te begin meet, het ek besef 'n Weegskaal het nie 'n plek by liefde nie. Want vir hom was ek net lief. Dis al. Na die neerlê van my behoefte, en verwagting, en wens en gevolg . . . net lief.

En ek het opgestaan en die kroon van sy kop afgehaal, en Ego teruggestuur na die Vallei van Hartseer waar hy gebore is, om nooit weer sy voete in die land van Lewe te sit nie.

En nadat ek die weegskaal en die maatlepel in die vuur weggesmelt het, het ek teen my berg opgeklim. En daar bo by die fontein van Lewe die sluise na die leivoor van my Hart gaan oopdraai.

En Liefgehê.

wegsmeltliefde

hy was haar eie om lief te hê
vas aan haar
sy het hom styf in haar arms vasgeklou
naby gehou
of armlengte vêr laat gaan
maar nooit te vêr nie, want hy moes net hare wees

snags, in die maanlig
terwyl sy haar verstaar het aan sy mooi
het sy stukkies van haar hart uitgeryg
en aan syne vasgewerk
met die goue drade van haar Self

en so het sy mens al voller geword
en sy hart al groter
en haar mens al leër
en haar hart al kleiner

tot haar mens buite haar lyf rondgeloop het
haar hele wese in die lyf van haar beminde
en haar arms al langer – want sy Vêr gaan al Verder

sy het haarself heeltemal verwelk in haar liefhê van hom

en toe hy uiteindelik die deur agter hom toetrek
en haar vasklou van hom afgooi
het sy hom soos 'n nagwind agterna gehuil
en in haar leë huis met leë presence op die grond gaan lê . . .
skaduwee van niks
net 'n asem

bondeltjie liefde
weggesmyt – van gee
en van wegsmeltliefde

daardie aand sien sy in die groot, swart Boek:
mens moet jou naaste liefhê soos jouself.
en sy besef wat Hy eintlik sê is:
"My kind, mens moet *jousélf* net so liefhê soos jou naaste."

my glas wyn

Ek is nie mal oor drink omdat ek 'n drankprobleem het nie. Ek is mal oor drink omdat dit aan die einde van die dag, of tydens 'n groot lekkerte, soos 'n bad voel wat vol warmte tap, of 'n kers is wat aansteek, of wierook wat brand, of 'n vuur wat roep. Daar is 'n konneksie tussen my hart en my mond en my oë en my ore wat net weet dit hoort bymekaar.

Dis in die vashou van 'n perfekte glas – met ordentlik gedistilleerde Ierse whiskey – wat in die hande-vasgehou-gevlieg-is-tot-hier, oor saakmaak. Met genoeg ys en drie druppels goeie water. En stilte.

Dis in die mooi van 'n Nataniël-glas, met rooiwyn van 'n prentjie wat net reg gevoel het die oomblik toe ek gekyk-en-gekoop het in die winkel. En pienk steak met Maldon-sout en swartpeper in skuins skywe gesny. En voete-op langs 'n groot vuur met geselskap wat kan aanhou en aanhou en volmaak.

Dis in die klingel van 'n glas witwyn met ys, as die Boeing nog nie oor is nie, en die uitkyk oor 'n wingerd. Met tapas en lag en vingers wat mag vuil word van kos, en 'n hart wat weet hoe voel belong.

Dis oor die klank van ys, en die sien van mooi, en die vashou van kristal, en die kleur van rooi, en die speel van wit, en die proe van genoeg. Dis soos die eerste asem van die oggend, of die laaste strale van die dag, vasgemaak aan die onsigbare drade van menswees. Van genoeg. Van alles. Van wees.

Dit, en die dans van al my sintuie en my hart se voel, dit is wat wyn vir my is.

ons vuurmaakplek

By ons huis is 'n vuurmaakplek. Met plek vir kerse, 'n randjie vir voete, 'n tafel vir baie (of min) siele, diepsitstoele en 'n wingerd.

Aan die einde van elke dag gaan sit ons voor daardie vuur, en offer ons ons dag daar op. Lappies onthou van menslekkertes, drenteltjies seer, repies moeg, en lank se lag en praat en wonder en dink.

En met die opsuig van die vlamme word ons siele weer salf gesmeer; word ons weer mens, en weer vol vir aanhou, en groei ons wortels weer diep in die aarde in.

En dis voor daardie vuur waar jy voel hoe die Groot Meester Sy hand deur die sterrehemel uitsteek en jou kom seën met Sy oneindige liefhê van jou ... Sy mens. Sodat jy môre met vol lanterns kan opstaan, en met 'n fontein vol weerbegin die Sout van die aarde en die Lig vir die wêreld kan wees.

theefontein

daar, in die hartjie van die Groot Karoo
is Sy kerk onder die sterrehemel
en onder die lig van Sy genademaan
Sy dissipels die eerste strale van die sonsopkoms
en Sy belofte die koelteboom se skaduwee

aan die voete van daardie platberge
kom sit die lekker maklik aan mens se vel
pak die eenvoud jou binneste se kaste reg
en help die stilte jou ore weer hoor

daar leer mens voor 'n langgeselsvuur
om jou Glo voor jou Bang in te span
dat rykdom in tyd gemeet word
dat jy die aarde kan hoor asemhaal
en dat mens vir net genoeg reën moet bid
om die plante se wortels weer nat te kry

en kan jy lank genoeg by jou Skepper se voete gaan sit
dat Hy weer die hare op jou kop kan tel
jou kan verseker van Sy liefhê
jou kan seën met Sy nabywees
en met 'n hart vol moed weer na die Terug kan stuur

mevrou

Ek verdedig nie mense wat buite-egtelike verhoudings het nie. Ook nie mense wat hulle pasmaats afkraak en met vuiste of woorde slaan nie. Ek praat nie goed van mense wat wegloop of ophou probeer nie. Ook nie mense wat antwoorde aan die onderkant van 'n bottel soek nie. Life is tough, almal doen hulle beste, en wat agter jou voordeur aangaan is jou eie saak.

Maar, as jy jou mond op sosiale media begin uitspoel oor jou eks, of verwag ek moet by die damestee op 'n Saterdagoggend saam met nege ander vreemde vrouens luister hoe sleg hy is, dan maak jy jou besigheid myne, en daaroor het ek wel iets te sê.

Ja, hy het jou verneuk of gelos en jou hart gebreek, en jou lyf is moeg en jou hart is seer. Maar om berge vol onderhoud te eis, sy naam sleg te maak in die dorp, dit vir hom onmoontlik maak om sy kinders te sien, en aan te dring op die duurste medisyne omdat hy die medies betaal, is net naar. En ek weet jy dink jy's cool, en slim, en dat hy dit verdien, maar jy, mevrou, moet dalk weer dink. Want, behalwe as hy moet tronk toe gaan vir wat hy gedoen het, verdien hy dit waarskynlik nie. Jy beslis ook nie, en minste van almal jou kinders. Dis een ding om seer en rou en kwaad te wees, natuurlik is dit oukei, maar om so lelik-kwaad-naar in die openbaar te wees, is sleg, regtig sleg.

Oor twintig jaar gaan hy langs die see stap met sy nuwe vrou en gelukkig wees (of nie), dan sit jy steeds op 'n hoop met jou grênd kar, duur medisyne, en al jou kwaadword-plooie. En dit gaan jou nie gelukkig maak nie, ek belowe jou. Gaan haal eerder jou kwaad daar buite, sit dit terug in jou lyf, en loop gee dit vir iemand wat dit vir jou op 'n gesonde manier kan ontdooi.

Of gaan gooi daardie woede af op 'n berg, dans dit uit, of vat 'n ou kar en gaan ry dit uit. Sit vir jou harde musiek aan, laat kleur jou hare, sit dreadlocks in, verf jou mure, hou 'n braai. Huil by jou vriendinne en mense wat vir jou lief is. Slaan jou kussing. *Do whatever it takes*, maar neem verantwoordelikheid vir jou woede, en jou hartseer, en jou teleurstelling en deel daarmee dat dit uit jou sisteem kan kom. Dis nie sy probleem nie, dis joune, want as jy nie daarmee deel en leer om dit te hanteer nie, gaan dit jóú vernietig, nie hom nie.

Sorg dat jy iewers gaan sit en dink oor hoe jy bygedra het tot die verval van julle probeer, want mens dra altyd by. Deur te veel te gee, te min te gee, toe te laat, nie toe te laat nie, te wil, nie te wil nie. Maak nie saak nie. Dan vergewe jy jouself heel eerste, want jy het sekerlik jou beste probeer.

En vergewe hom ook. Jy sal hom iewers moet vergewe, want hy is jou kinders se pa – en julle generasie se boek is groter as hierdie hoofstuk.

Vra jou kinders wanneer laas het hulle met hulle pa gepraat. Help hulle leer van vergifnis, en teleurstelling, en seerkry, en hoe almal foute het (ook jy). Want hulle gaan eendag 'n pa nodig hê, en jou kleinkinders gaan eendag 'n oupa nodig hê.

Ware verlossing na egskeiding kom nie in die wegstap nie, dit kom in die losmaak. En jy, mevrou, verdien soveel beter as om op 'n teepartytjie oor jou slegte verlede met vreemdelinge te praat. Ek gun vir jou 'n mooi storie. So lig jou ken, neem terug jou waardigheid, en skryf vir jouself 'n mooi storie. 'n Awesome een, want jy kan.

die diepsit-vuur

As my week te lank was (al is hy nog net kort), of my gemoed te vlak (of te diep), dan wil ek soos 'n Boesman om 'n vuur sit – nie soos 'n gewone mens by 'n braai nie.

Ek wil laag sit, op my boude as dit kan, en teen 'n boom nog beter. Met baie veld om my, en 'n wind wat maar kan waai as hy wil, en genoeg swaar, harde, droë hout, en 'n lekker vaal baadjie of warm trui, en lelike skoene wat snoesig is, en 'n mus wat laag oor my hare kan trek. Dat my oë in skrefies kan uitloer as hulle wil.

En daar wil ek sit, en net sit. Met of sonder wyn, met of sonder vriende, met of sonder 'n son wat sak of 'n maan wat opkom. Net sit.

Want as ek 'n vuur het, het my hart genoeg vir volraak. Al die res is lae lekkerkry, wat tattoos van liefhê oor my hart kom skryf, maar daai vuur, 'n Bosveldvuur, of 'n hardekoolvuur, of 'n woestynvuur, of 'n Namibvuur, of 'n veldvuur, of 'n Karoovuur, of 'n Heuningland-vuur, of 'n Pringlestraat-vuur daar vêr by die put, dit bly maar altyd my hart se diepste lekkerkry.

ek wil in 'n ou kar klim
een van daai lang slappes
met 'n oop dak
en 'n langasem-enjin
en 'n kattebak wat nie stof lek nie
en sitplekke waarin jou boude wegsak
terwyl jou elmboog by die venster uithang

ek wil saam met die grondpad
op en af in my sitplek wieg
soos in my snotneusmaatjie se ou vaal Citroën
met ons matriekvakansie

ek wil trosneste afneem
wat op genade aan telefoonpale hang
en eensaam en verweerde siele
in die middel van nêrens sien stap
en soos altyd wonder: waar gaan hulle dan heen?

ek wil in 'n sementdam swem
kaalbas
terwyl net die windpomp
en die vlaktes
en die sonbesies
vir my kyk

ek wil Afrikaanse musiek blêr
terwyl die horison homself ontklee
Bobby van Jaarsveld en Karen Zoid
en daai oogklap-sanger
wat mens asseblief net nooit
live moet hoor nie

ek wil suurlemoengin drink
op 'n klip wat uitkyk oor alles
en 'n bek-klapper baasraak
en in 'n leë veld stap

want in die niks
vind jy die meeste als
en word jou siel gewas en vol blomme versier
vir daai omdraaislag terug na die Hier toe

die leeshoer

Ek het vandag gehoor dat 'n vrou haarself 'n leeshoer noem. En dit was nie vir my 'n skrik nie, maar 'n mooi. Want haar oë was blink en haar kat was sag, en haar huis vol kleure soos teal en mauve en mosterd en olyfgroen. En haar skilderye van altyd af my grootste begeer.

En daar, tussen die berge in 'n huisie in die Karoo, met 'n cerisepienk voordeur en 'n klavier op haar voorstoep, agter die singste leivoor, met haar beeshond se warmlief aan my voete, het ons gekoffie en gebiscotti en gepraat oor kleur en woorde en lande en warriors en vrouwees en vryword en oorbegin en weer-gaan-haal.

En deur haar vertel het ek gehoor dat verf haar "exhale" is . . . en woorde haar "inhale" – haar asem. Haar gee en haar neem. En ek het beter verstaan hoekom sy haarself 'n leeshoer noem, en van my woorde in haar ry van leesgoed gelos. En haar balsem oor my hart gevryf, en weer op my pad gegaan. Volgemaak in die vrou van woorde en kleure se huis van verf, en lees, en mooi, en liefhê.

die jagveld

My pa het in Namibië in die veld grootgeword en was nog altyd 'n groot veldman en baie etiese jagter. Soseer dat al die seuns toe hulle klein was 'n eed moes aflê van hoe hulle die veld sal respekteer ... en een van daardie beloftes was dat jy net sal doodmaak wat jy nodig het om te eet – of oorleef.

So het my seun verlede naweek sy eerste jag gehad, en 'n springbok geskiet. Ons was ekstaties, die jagfoto is geneem, die oomblik gevier, en daarna het die groot werk begin – die bok moes by die plaashuis kom en Adi moes die bok self verwerk omdat hy die jagter was. Hy moes die binnegoed self uithaal (tot sy absolute misnoeë), die vel afslag, en die bok self opsny vir ons gesin – hy moes die hele proses self deurmaak ... 'n ketting van veld tot bord wat deur niemand anders as die hande van ons familie en vriende hanteer is nie.

Vandag eet ons springbokboud wat gemarineer is en stadig gaargemaak word met spek, knoffel, roosmaryn en tiemie uit ons tuin uit, olyfolie, wyn, wortels, aartappels en later deurgemeng sal word met roomsampioene. En terwyl ons eet sal ons wyn drink en die bok eer wat sy lewe gegee het, die jagter eer vir die kos wat hy voorsien het, en ons sal luister na sy storie. Want ons eet vandag vleis met 'n storie.

Adi sê al was dit lekker, wil hy nie gou weer jag nie ... want dit was baie harde werk, en alles daarvan was nie vir hom so lekker nie. En ek verstaan dat hy so voel, want die Jirre het eintlik mos mens se lyf gemaak om net soveel te kan jag en verwerk as wat jou gesin nodig het – en vir nou het ons drie genoeg. En teen volgende jaar, as dit weer nodig is, sal hy waarskynlik weer lus wees.

So ek wonder sommer of daar soveel trofeefoto's op sosiale media sou wees as jy self te voet moes stap en elke dier op jou eie moes uitoorlê, self moes aandra, en self moes afslag en verwerk. Ek wonder sommer hoeveel jagters weet hoe lekker dit is om die storie van jou vleis te onthou en te vertel. En hoeveel nog dankie sê vir 'n bok wat sy lewe gegee het om kos op jou mense se tafel te sit.

Ek wonder sommer net . . . as jy dit self moes verwerk en vir jou gesin moes voer – sou jy 'n olifant skiet? Of 'n kameelperd? Of 'n leeu? Of vyf koedoes, drie elande en vier springbokke en 'n blouwildebees op een naweek? As jy alles self moes doen, sou jy?

my begrafnis

Vanaand gaan ek deur my onthouboks: my getekende matriekhemp, universiteitskoshuis se voordeurbriefies, huil- en lagkaartjies, koebaaibriewe, begrafnisbriewe en bakleibriewe, maar meestal liefdesbriewe. Ouers en vriende wat liefde verklaar, boyfriends wat met oë vol sterre beloftes maak, en daardie dierbare kinderbriefies vol gelukkige huisies, vrugtebome, en stokvroutjies met rooi hare – jare se beginne en eindes en herinneringe in een boks.

En ek wonder . . . wat gaan my kinders nou eendag met al hierdie herinneringe wil doen? Want as ek weg is, is die onthou tog ook weg, en as die onthou weg is, is die stories weg.

En so het ek, Tania Smit, vanaand besluit ek wil eendag op 'n onthouplek begrawe word – 'n blerrie mooi plek waar dit lekker is, ernstig lekker. Nie vaal en asgatterrig met gebreekte glasblomme nie, maar 'n plek waar mense die Jirre voel en Asem kry en jou Hart wyd kan dans. En daar, as stof, in 'n gat, saam met al my liefdesbriewe en herinneringe wat sonder-storie-vir-ander-mense-sal-wees, wil ek begrawe word, soos die Egiptenare van ouds.

En, voor my gat toegegooi word, moet daar 'n boom op my en my herinneringe geplant word (natuurlik nadat daar goeie kompos op al die briewe gegooi is), sodat ek en my onthou in daardie boom in kan groei. Dat die son eendag op ons kan skyn, my onthou vir ander mense skaduwee en suurstof kan gee, en

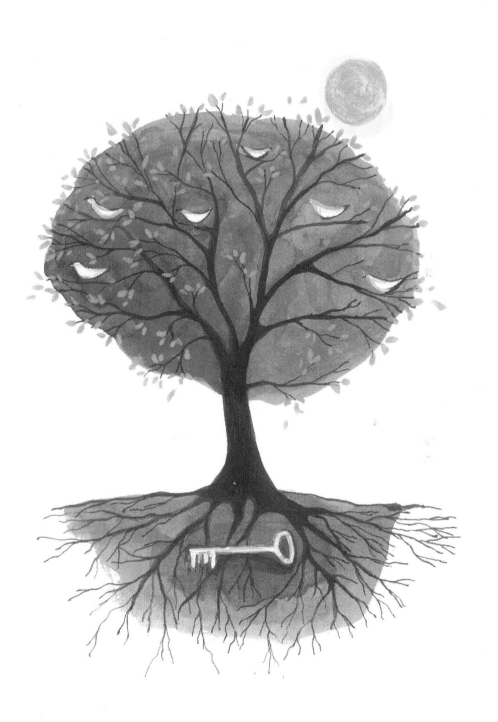

sodat ek kan bly voortleef in 'n storie wat my mense se lywe maklik sal kan sien en voel.

En dalk iewers, terwyl my mense daar onder my boom sit en verlang, sal hulle van nêrens 'n oomblik saam met my onthou wat kosbaar was. En as hulle mooi kyk, 'n Ligstraal sien verbydans, om wyd en lekker daardie riel by die pienkste en hoogste wolk te gaan haal, en veilig 'n lekkerlag in hul harte te kom bêre.

paasnaweek

*E*k sien vanoggend vroeg 'n mamma met feesklere paraat op 'n drafstap op pad KKNK toe, twee kloon-kindertjies wapperend agterna. Haastig-haastig. Ek wonder wat haar so 'n onrus gee . . . Waarna jaag sy? Wat soek sy? Ons is dan op die vooraand van Paasnaweek.

Ek self wens ek kon berge toe ry, of na 'n vlakte toe; iewers waar die maan helder skyn, en waar mense langbeen sit en niks praat nie, net kyk. Met 'n Boesman-TV wat hoog brand, en grond wat na reën ruik. En die geur van karoobossies wat vir ure aan jou vingers klou as jy dit gefrummel het. Ek soek stilte.

Ek wil ingaan in my tempel in, en die Skepper dank dat Hy my met Sy eie hande gevorm het. Ek wil hê Hy moet my hart vashou, en al die seer daarbuite beter maak. Ek wil daardie naelstring wat na die Lig toe gaan suurstof gee.

En ek wil veral daardie haastige mamma aan haar skouers vat en tot stilstand bring en sê: "Hou op hardloop! Word stil en luister na jou hartklop." Maar die gladgeskuurde hakskeentjies is klaar verby. En my hart fluister agterna . . . Seën vir jou, liewe mens. Seën vir jou.

swartvlei

Ek het vandag vir my 'n Bridget Jones-panty gekoop. Van daardie bloomers wat soos jou ouma s'n lyk op die wasgoeddraad. Wat lekker voel, en al jou parte gaan haal en op die regte plekke terugsit – op 'n asemhaal manier. En dit voel salig, want ek is oud genoeg om te weet wat ek wil hê in ruil vir al my plooie. En dit voel lekker.

En terwyl ek by Swartvlei kamp, en mans vir hulle vrouens wyn skink, en mammas agter hulle kindertjies aanhol stort toe, sit ek alleen . . . want die kinders is vêr. Nie ry-vêr nie, net kyk-vêr. Adi speel krieket saam met die kleintjies onder die groot boom hier oorkant my, en Lielie kuier skuins oorkant die pad by die karavaanmense wat van Potch af kom en kitaar speel. En ek sit voor 'n vuur wat my geselskap hou. Hy praat nou wel nie terug nie, maar omhels my salwend. Ek sit ook met 'n boek, rooiwyn in 'n kampbeker met blommetjies op en RSG se klassieke musiek op my oumens-radio. En natuurlik kersliggies in ons tienerboom, want ek het die Bestuurder gevra vir 'n boom op ons erf. En al is hy klein, is hy hier. En terwyl ek sit en na Debussy se "Claire De Lune" luister, kry ek innig lekker. Wragtig lekker.

Want ek het 'n leesbril wat mooi kyk. En drie tente. En kinders wat kan maats maak. En liggies. En 'n vuur. En 'n gesonde lyf wat met vakansie kan gaan. En ek is van vandag af ook die trotse eienaar van 'n Bridget Jones-panty.

En ek besef, die lewe kan so blerrie lekker wees, al is dit nie hoe jy gedroom het dit gaan wees nie. As mens net in jou eie vel is en geniet wat vir jou gegee word. En ophou dink hoe dit moet wees, en net geniet hoe dit ís.

die alleensitters

Ek het gister vroeg klaargemaak met my dinge in George, en besluit om te gaan lunch by Nina's Cafe. Dis 'n plek met kos en mense en 'n hart en 'n siel, gemaak vir eters wat goed kan proe, maar ook wil mooi sien en lekker luister.

My gemoed was dieper as wat dit moes wees, omdat Joshua na die Reën op pad George toe gesing het "jy is meer as genoeg vir my," en ek met 'n skrik besef het 'n deeltjie in my glo hom nie. Al die ou stemme het verrys uit my verlede . . . stemme wat nie mooi woorde praat nie en ook nie maklik stil raak as hulle eers begin fluister nie. So, ek het die bewolkte dag soos 'n kombers om my gedraai, en gaan sit met 'n glas wyn en 'n tydskrif. En net beleef.

Regs van my was 'n man wat ook alleen gelunch het; hy was besig met sy koerant en 'n bier. Toe ek genies het, het hy gesondheid gesê en mooi geglimlag en verder gelees. Links van my was twee mans wat besigheid gepraat het terwyl hulle water gedrink en slaai geëet het. Vêr agter in die buite was 'n ooievaarstee' en al wat groter was as die mamma se maag, was haar glimlag en die baba se hoop persente. Dit was vir my mooi.

Regs voor my het 'n witgrys man en vrou gesit wat nog mooi en regop-jonk was, en lekker met mekaar gekuier het. Hy met sy eie bottel wyn, sy met 'n craft gin wat sy stadig genurse het.

En toe loop 'n middeljarige vroutjie alleen in die restaurantjie in. Ek kon sien dit is haar eerste probeer, want al was my eerste keer baie jare gelede, onthou ek dit nog soos gister. En haar kwesbaarheid was oor haar gesig geskryf.

Die kelnerin het die vroutjie op elke moontlike plekkie probeer neersit – met haar rug na mense toe, in die hoek met haar gesig na die mense toe, buite agter 'n boompie, om die draai agter die skuifdeur – maar sy kon nie haar sit vind nie. Sy wou, maar sy kon nie.

En toe ek haar sien uitstap wou ek agterna gaan en vir haar sê kom probeer weer – die eerste keer is altyd die ergste. Ek wou sê in-die-hoek-met-'n-boek werk altyd maklikste. Ek wou vir haar my bors ooptrek en my hart wys, soos hy gevoel het gister, sodat sy kon sien ons almal is ewe seer binne, al lyk party mense gesonder van buite as ander.

Maar ek het haar laat gaan, aspris. Want ek wou nie hê sy moes weet sy is gesien nie. Want solank sy glo niemand het gesien nie, besluit sy dalk eendag om vir die eerste keer te probeer. En vind sy daardie dag vir haarself 'n hoekie wat deurskynend en veilig genoeg is om haar sit te vind. En net te beleef. Soos die res van ons.

oor liefhê-en-losmaak

in my sondagoggendbed
lê ek met koffie-in-die-hand-gedagtes
en perkoleer oor Liefhê-en-Losmaak
my hart se twee stiefdogters
wat nooit saam in 'n vertrek wil wees nie

ek ken vir Liefhê
Sy maak mens vol
en warm
en tevrede
maar Sy laat mens val

en ek ken vir Losmaak
Sy laat jou veilig voel, en stabiel
terwyl Sy al jou mooimaakmemories
uit jou hart uit dra
in die nag terwyl jy slaap
maar Sy los jou leeg

as ek Losmaak innooi
om minder seer te kry
voel ek later niks meer
as die behoefte om by Liefhê te wees
en iets te voel nie

en as Liefhê jou vat
tot die voel by jou oë uitpeul
kom daardie seer van liefhê
en skeur jou hart op

tot Losmaak moet kom red
en jou oë se ligte kom afsit
dat Sy jou hart se krane kan toedraai

vanoggend het ek Liefhê-en-Losmaak
in spieëltjies aan my boom gaan hang

sodat ek saam met Vrede
in my sondagoggendbed kan sit
en perkuleerkoffie drink
en staar
na die twee liggies
daar vêr en blink
en onskuldig
onder my boom

tannie bana

My tannie Bana het die eerste hoofstuk van Eksoties in my onthouboek geskryf . . . sy was as kind my liberation movement. Sy is van my lekkerste onthou van kuiers in 'n huis vol olieverfskilderye, brandende vure, kosmopolitaanse musiek. En kos – altyd ongelooflike lekker kos. En rooiwyn. En dik, wit kerse. En laat kuiers met Swakopmund-vakansies. En lang gesprekke oor verbode onderwerpe, soos seks en dagga. En heeltemal te veel eksmans en boyfriends.

In vandag se flieks sal tannie Baan lyk soos die rooikop gypsy-vrou wat met haar indigo karavaanhuisie in die dorp inkom, en net buite die dorp by die rivier in die populierbos bly. En laataand-partytjies hou met die "uit" mense van die dorp, met Italiaanse musiek en vure wat brand. En een maal 'n maand haar ongelooflike skilderye uitstal. Met die "gewone" dorpsmense wat van vêr af inkyk en heimlik wens hulle kon so vêr strek soos sy.

Tannie Baan was altyd net wildgeklits genoeg om aan hierdie kant van die bewonderingslyn te bly. Sy kon regop met 'n kierie loop en op sewentig steeds 'n entrance maak, en met 'n piepklein oumens-klerekas altyd opdaag soos 'n aristokraat, met rooi lippe en 'n snaakse skewe hoedjie. En sy kon 'n sigaret soos 'n lady rook.

En vanoggend het sy opgegee op haar laaste comeback. Ons eksotiese tannie Baan is weg. Net soos elke ander mens wat lank en voluit geleef het, moes sy ook uiteindelik haar uittrede maak.

En ek besef in my hart ter harte dat ek so baie soos sy is: te vêr gestretch, met baie oorbegin, en 'n lewe vol groot vure, eksotiese musiek, en hartsmense wat baie lag en te veel drink en alles beter maak. Met 'n hart wat te veel voel, en emosies wat te vlak sit. En ek weet 'n stukkie daarvan is haar skuld. Net hare. Want haar bloed vloei deur my are.

My tannie Baan het die eerste hoofstuk van Eksoties in my onthouboek geskryf. Sy was my liberation movement. My Marilyn Monroe. My Edith Piaf. En in my onthou sal haar hare altyd rooi wees. En haar vuur altyd hoog brand.

1967: Tannie Bana saam met haar eerste man (regs),
my pa (links) en haar dogter Nicky

my lewe

Ek dink die frase wat ek seker die meeste hoor is: "Jissie Tania, jy het darem 'n lekker lewe!" En dan is daar altyd so baie wat ek sou wou sê, maar bly ek maar altyd stil. So hier is vandag my stukkie waarheid aan almal wat so dink, of dit al vir my gesê het.

Ja, my lewe is lekker – dis fantasties! Maar dis omdat dit 'n kopskuif is, nie omdat dit maklik is nie. Want, om die enigste ouer onder 'n dak te wees, is rof. Dis ook oorweldigend skrikwekkend. So ook om groot finansiële besluite alleen te neem, soos om 'n huis te koop (of nie). Of oor Desember-vakansies die enigste enkelma met kinders op die kampterrein te wees tussen kuierende gesinne. Of alleen met kinders op 'n godverlate pad Swakopmund toe te ry sodat ons ook lekker vakansie kan hou. En om sommige jare sonder my kinders te wees oor Kersfees en Nuwejaar omdat hulle elders lekker kry, en iets te vind om dit met 'n glimlag te oorleef. En single te bly totdat die regte maat vir my verbykom – ter wille van myself, maar ook ter wille van die stabiliteit van my kinders.

Almal het 'n faset in hulle lewe wat regtig moeilik is. Die geheim is om jou kop te draai, want om jammer vir jouself te wees gaan jou nie gelukkig maak nie, en ek wil gelukkig wees. So, die alternatief is om eienaarskap te vat, en te fokus op al die goed wat uit mens se alleenwees gekom het. Aanvaar dit, hanteer dit, of verander dit. Moenie jaar in en jaar uit kerm en kla daaroor nie. Oorwin jouself binne jou omstandighede.

As 'n moeilike alleen-Sondag voor jou lê, vat jou kamera, klim in jou kar, en gaan ry 'n nuwe pad. Of nooi mense wat jou laat lekker voel na jou huis toe en kook vir hulle kos. Of as jy 'n arm maand het, dek 'n tafel onder jou boom, en drink wyn met tuisgebakte brood, en goeie kaas – maar sorg altyd dat jy regte botter het. En gesels oor alles en nog wat. En lag. En fokus op al jou seëninge.

En as jy regtig nie meer kan nie, maak toe jou gordyne en jou deure, gaan trek jou laken oor jou kop en huil dat die trane soos Heidi s'n spat. Tot al jou huil uitgehuil is en al jou selfbejammering jammer gekry is. *Maar net vir een dag.* En dan staan jy op, was jou hare, gooi die gordyne oop dat die Lig kan inkom, en trek jouself reg.

Jy sal altyd 'n rede kan vind om kwaad te wees, of bitter. Jy sal vir altyd kan kwaad bly as jy wil, of vir altyd mense kan blameer en 'n slagoffer wees. Maar dit gaan jou nie gelukkig maak nie, maak nie saak hóé reg jy is nie. Draai jou kop – al wat dit vat is om die situasie te oorwin met 'n glimlag, met dapperheid, met attitude. Met deernis. Met genade. Dis ongelooflik bemagtigend.

So ja, my lewe is fantasties, want ek kies om dit so te maak. Nie omdat dit maklik is nie, maar omdat ek wil gelukkig wees. Al wat dit vat is 'n kopskuif. Nie altyd so maklik nie, maar sekerlik een van die beste dinge wat mens ooit kan kies om vir jouself te doen. Die bottom line: moenie dat die lewe jou onderkry nie – vat hom by die maanhare en ry hom bloots. Tot by die wenstreep.

winter single

Om single in die somer te wees, is maklik – mens braai en swem en lag en drink wyn en kyk sterre en ry vêr paaie en skinny dip onder die maan en hê die wêreld aan jou voete. En omdat dit so maklik is, is mens se standaard vir 'n man hoog. Maak-nie-saak-nie-hoog. Want hy moet reg wees. Net reg. Want dis somer.

Maar om single in die winter te wees, is 'n heel ander storie. Daar is 'n vermurwenheid wat aan mens se lyf kom sit; 'n peteuterdheid. En ek bekyk myself terwyl ek daardie lat laat sak, en skielik, met 'n wolk van vergifnis, na die single mans om my begin kyk.

Mens sien skielik hoe mooi daardie vet, ronde mannetjie se oë blink. En hoe oulik die man met die rooi gesig met sy kinders werk. En hoe goed die ou met die twee skewe voortande stories kan vertel. En hoe lekker die man met die plat boude kan vleisbraai. En hoe pligsgetrou die ander een my rooiwynglas se volmaak versorg. En met watter sagte hande die growwe boer sy hond se band om sy nek vasmaak.

En ek besef hoekom daar soveel mense is wat skei en dadelik weer trou, of lovers herwin soos ou plastiek . . . want hulle harte het van alleenwees hulle someroë weggegooi, en verruil vir 'n paar winteroë wat sag kyk en maklik vergewe.

die vaal kos

      k kyk gisteraand hoeveel plastiek ek hanteer terwyl ek net twee sakke inkopies moet wegpak – dis skrikwekkend. En dit gaan nie vir my nét oor die walvisse en die dolfyne en 'n hele plastiekeiland wat al iewers in die see ronddryf nie; dit gaan vir my ook oor hoe vals alles in die era van ons kinders se grootword begin raak het.

Hoe kan avo's of blare of tamaties of papaja nou gesond wees as dit so ingegort en toegetrek in stywe plastiek moet lê en wag tot jy dit die dag oopskeur om te eet? Melk wat in sakkies wag om gedrink te word, brokkoli wat later boepens staan in plastiek van vervies.

Een van my ma se altydwoorde is dat groente en vrugte lewend is, en dat ons dit daarom moet laat asemhaal tot ons dit eet. So, as sy haar inkopies uitpak, spoel sy al die lewende goed af, maak dit skoon, en al die groente word snoesig op lappies in die yskas weggepak (en blare in 'n natterige afdrooglap toegedraai). Sy glo as ons kos laat asemhaal en dit eer tot ons dit eet, sal die kos op hulle beurt ons liggame ook eer.

Antoinette Pienaar skryf ook daaroor in *Die Lang Man sonder Skaduwee – Die Karoo se Grondpad na Genesing* . . . hoe diere wat met respek doodgemaak word net beter smaak en gesonder is vir jou lyf as skreeuende vleis wat in massas mekaar moes sien doodgaan en uitbloei. En dan uit pure kommersialisering deur die doodmakers in netjiese rye rangskik en gesnoer word met stywe kleefplastiek, om die illusie te probeer skep van ordentlikheid en heilsaamheid. Bo blink en onder stink.

Eiers vir massaproduksie waar hennetjies hul hele lewe spandeer in hokkies so groot soos 'n skoendoos (letterlik), en dan wil ons glo daai eier gaan heilsaam en gelukkig in ons maag land en ons kinders se lywe voed met vitamines en minerale.

Ek vermis die dae toe ons ouers nog koepons buite kon los in ruil vir melk wat in glasbottels aangekom het. Ek vermis die dae wat daar net een soort botter was, en alle vleis free range. En vrugte nie afgespoel moes word om die gifstowwe af te kry nie. Die dae toe tamaties so rooi was soos die ladybirds wat toe nog die wêreld vol gevlieg het. En eiergele nog plaasgeel was, en wortels helder oranje.

Sou dit nie lekker wees as ons plastiek kon boikot en moeite doen om kos te vind wat op 'n pad van heilsaamheid op ons bord beland nie? As ons die vleis wat ons eet weer kon begin eer, en daardeur die chaotiese doodmakers van vark en lam en hoender en bees se knieë kon afslaan nie? Wanneer is genoeg dan vir enigiemand genoeg? En op watter punt gaan te min uiteindelik vir ons heeltemal te min wees?

Ek persoonlik is gedaan vir leë kos wat in rye oënskynlik soos die ou dae se kos lyk, maar 'n grillerige storie in die murg daarvan geheim hou. En ek verlang na heilsaamheid, want ek voel dis wat ek en my kinders verdien. Sekerlik is heilsaamheid darem die absolute minste wat ons almal verdien?

die dating site

As jy lank genoeg single is eindig jy waarskynlik iewers op 'n dating site. Dalk uit nuuskierigheid, moontlik uit eensaamheid, en as jy gelukkig is, bloot vir sosiale vermaak. Ek sê vir jou, karakters meer sappig as wat jy ooit op Koöperasiestories se stoep sal kry. En 'n hele ensiklopedie vol hartseer.

Pedro is van Panama, maar hy bly reeds die afgelope twee jaar in Suid-Afrika. Sy gunsteling kleure is blou en lemmetjie-groen, want hy is 'n binnehuisversierder. Hy koop en verkoop ook huise, is baie lief vir diere, en sy beste vriende is sy werksmense. Stinkryk, smeulend verby, ongetroud op 49, en sy gunsteling klere is sy Versace-pak. As jy jou kaarte reg speel is hy binne vier dae reg om af te vlieg Oudtshoorn toe, jou vir ete te vat, en jou syne te maak. Dis die reine waarheid!

Dan is daar Marius van Mosselbaai. Hy het al in al die eksotiese lande gewerk, en beplan nou 'n bootreis om die wêreld met sy seiljag. Al wat kort is 'n meisie wat lekker kan gesels en goed lyk in 'n bikini. Dis al. Hyself lyk soos 'n kremetartboom se bas, met dik brille en swak tande, maar as jy belangstel kan jy vir hom 'n boodskap met 'n foto stuur.

Cliffie van George is 'n polisieman wat onrustige skares beheer met sy groot spiere, en jou van Dinsdag tot Saterdag gee om hom te ontmoet, want hy het nie tyd om te mors nie. Weens jou gebrek aan desperate aksie omvou hy teen Sondag 'n vreemde vrou met dun wenkbroue op Facebook, en drie maande later stap hulle hand aan hand uit die kerk uit – sy met blink oë, 'n trouring aan haar vinger, en in 'n pers en pienk Barbie-trourok. Uitgesort.

Dan praat ons nie eers van Hennie van Wildernis sonder foto's wat nog getroud is, maar bietjie action-on-the-side soek, of Franco van Sandton wat glo mans moet verskillende geure spuitgoed dra in die dag en in die nag vir afwisseling nie.

Africa's a tough country, en om single te wees in jou veertigs nog meer. Ek wag met arms gevou, en sakke vol stories om te vertel. Hoogs geseënd en nog vry om weer te kies, 'n voorreg waarvoor ek baie dankbaar is. Dankie vir 'n groter plan. En Hoop. En selfvertroue. En 'n belofte. U tyd is my tyd. Amen.

die geskenk

k onthou vanoggend hoe my seun, toe hy net elf jaar oud was, voor my kom sit het en gesê het hy wil graag sy spaargeld gebruik en vir my betaal om met vakansie te gaan – ek moet net kies waarnatoe. Hy reken toe hy en Lielie het pas van 'n bootreis af gekom, dat hy sien ek werk baie hard en dat hy dink ek rus nie genoeg nie. Ek het ook die moeilikste jaar in my lewe agter die rug gehad: twee keer getrek, my hart in stukkies in iemand anders se gange opgetel, my boetie begrawe, en vir 'n paar maande my ouers se seer op my skouers saam met myne rondgedra.

Nadat ek die trane afgevee en hom lank vasgehou het, het ons twee ooreengekom op 'n massering (amper soos 'n vakansie vir die ontvanger, maar binne die rojale vermoëns van 'n elfjarige se groot bederf).

Hy wou self saamry na die afspraak toe en self betaal – hy reken anders voel dit nie vir my soos bederf nie. Daar gekom het hy die dame gegroet, sy kaart uitgehaal, sy PIN ingesit, en ek het toegekyk hoe my seun voor my oë in 'n man verander. In daardie oomblik.

En daardie hart, dis die een wat ek elke dag toevou in goddelike beskerming. Want Koningskinders het sagte stemme, en sal twee keer staan dat boelies hulle slaan, maar hulle skaduwees is lank en groot. En hulle gees onwrikbaar.

die wegdra van Afrika

Ek dink die Skepper het een oggend met die groot Son se opkoms die hemelse mengsel van sy beste van alles in die groot *Shaker* gegooi, en so losweg sy mooiste mense oor die grond van Afrika kom saai; Sy skepping se kosbare kroon van diversiteit.

En omdat Hy ons moes anker — hierdie hemelse mengsel van mense en kultuur en kos en musiek en kleure en tale en glimlagte — het Hy sy hele skatkis van goud, marmer, uraan, koper, diamante en kosbare ander onder ons voete kom bêre. Vir die ingrawe van ons tone in sy lekker in, maar ook vir die anker van ons harte. Want ons was Sy keuse . . . die kinders van Afrika: bewaarders van sy rykdom.

En so was dit deur die eeue, tot daardie groot land se kort mensies ons kontinent se onder-die-grond begin wegry het. Met die bou van hul eie paaie, aanry op hul eie trokke, vir die bestuur deur hul eie mense, en op die wegvaar van hulle eie skepe. Terwyl Afrika se mense met hul oop harte en breë glimlagte staan met skille oor ons oë, soos die flieks waar al die inwoners met blindheid geslaan word . . . net omdat die pot se water met almal daarin te stadig begin kook het.

Wel, *ek wil net se ek laaik dit niks!*

Want ek wonder as alles nou weggery is, gaan hulle al hulle mense dan weer terugvat? Ek wonder as daardie grond leeggegrou is, wat gaan agterbly vir die kinders van Afrika? Ek wonder hoe stamhoofde en ministers kan toestem tot die uitgrawe van al ons pragtige Afrika-juwele, sonder om aan te dring dat ons eie mense se kennis en arbeid en besighede met die uithaal en wegry daarvan bevoordeel word? Ek wonder hoe hulle paaie kan bou sonder dat plaaslike mense regtig betrokke is? Ek wonder hoe ons hele kosbare Afrika ontvoer kan word, trok vir trok, en skip vir skip, terwyl ons toekyk en glo niks gaan verander nie?

Dit knaag aan my om te sien hoe reuse marmer soos ysblokkies agterop trokke in rye aankom oor Namibië se horisonne, en weggery word die vreemde in. Dit pla my dat goud en steenkool en koper en diamante soos waardevolle organe uitgegrawe word en met niks vervang word nie, net paaie.

Dit pla my genoeg dat ek wil skree: "Word wakker, beskerm ons goed!" Al ons perlemoen, ons vis, ons edelgesteentes, ons minerale – alles word weggedra sonder enige sienbare voordeel vir die land se mense. Soos die stadige uithol van 'n sieke se binneste onder narkose. Die stadige wegry van elke oog en lewer en hart en nier. Tot net die vel sal oorbly, netjies toegekram met duisende nuwe paaie na nêrens. En die uitgrawers en visvangers net na die volgende kontinent sal vaar. En daar van voor af sal begin.

kinders van halwe liefde

ek sien hulle soms
die kinders van halwe liefde

hulle harte groei
aan hulle buitenste lywe vas
en hang soos 'n spons om hulle nekke
om liefde in te suig
om in hulle siele te gaan bêre

kinders van halwe liefde
se een ouer
dans dag en nag die dans van twee ouers
getrou en gedaan van opmaak
vir die ander ouer
wat lewendig teenwoordig
maar emosioneel afwesig
nog nooit opgedaag het
vir die kind se volmaak nie

dis kinders wie se monde gee
terwyl hulle oë vra

kinders wie se arms vashou
terwyl hulle harte wegstoot

kinders wie se lywe staan en wag
terwyl hulle harte weghardloop

mag daar rus wees vir die weary souls
wat sonder ophou hul dors probeer les
aan 'n ouer wat nog nooit water gehad het nie

en alle eer aan die dansende ouers
wie se vol liefde en beste probeer
nooit die kind se dors
na daai-leë-kraan-ouer sal kan les nie

leonard

Daardie hartseer Vrydagoggend sit ek en hy by sy lessenaar en praat oor Leonard. Net verlede week nog het hy gesê hy sal oorsee vlieg om nog een show van hom te kyk. Nou is dit te laat, want Leonard Cohen is weg. Ons sit en deel ons voel. Hy vertel my van Leonard en Marianne, hulle liefde vir mekaar, en sy laaste brief aan haar. En toe gaan sit dit aan my vas – hulle liefdesverhaal – heel dag lank.

Later die dag ry Leonard en Marianne saam met my Nieu-Bethesda toe. Ons kyk hoe die mis van die langpad die son weglei tussen die valleie. Stap daar geborge tussen die lanings bome deur. Voel klein voor die kranse. Hoor hoe die leivore lewe bring.

Saterdagaand brand ek vir hulle 'n kers in die stilnag en wonder hoe tien jaar se liefde so goed kon wees dat vyftig jaar se wegwees geen verskil aan die diepwees daarvan kon maak nie. Ek wonder oor siele wat mekaar só liefhet dat hulle harte mekaar nooit verlaat nie, al moes hulle liggame aangaan sonder mekaar.

Ek prut meestal oor hoe Leonard se afskeidsbrief aan haar so moeiteloos kon kom na soveel jare. Hoe syne die woorde was wat haar uiteindelik weggelei het op haar laaste Reis. En hoe haar Gaan genoeg was om hom te laat Volg.

Sondagoggend wandel die twee saam tussen Nieu-Bethesda se grafstene deur en ons lees al die stories van lewe en afskeid, liefhê en hartseer. En later die oggend fluister hulle uiteindelik vir my hul verhaal: dat jou Groot liefde soms nie bedoel is om jou Lang liefde te wees nie. En dat 'n kort tyd se saamwees soms genoeg kan wees om mens 'n hele leeftyd te hou. En dat jou diepwees-geliefde se hart soms nooit van joune wegdwaal nie, al moet die lewe aangaan sonder mekaar.

Tussen die uilvrou se huilmooi hartseerbeelde stap ek uiteindelik alleen, en hoor weer sy laaste woorde aan sy Marianne:

> *"Our bodies are falling apart*
> *and I think I will follow you very soon.*
> *Know that I am so close behind you*
> *that if you stretch out your hand,*
> *I think you can reach mine."*

En sy het. Na al die jare. Haar hand uitgesteek.

En hy het. Na al daardie jare. Haar gevolg.

So long Marianne. So long Leonard. Julle liefde vir mekaar het julle lewe self gegee. Julle band julle seker soms gebukkend laat verlang na mekaar. Mag julle witlig-liefde julle pad huis toe soos die volmaan verlig. En vir almal wat agterbly altyd 'n kers van hoop laat brand, van 'n saamwees as al die verlang uiteindelik verby is.

my olyfboom

'n Paar jaar gelede, toe ek deur Marokko en Spanje ry, het ek myself belowe dat ek 'n olyfboom in my tuin gaan plant as ek by die huis kom. Ter herinnering aan die plekke en mense wat ek tydens my reis beleef het . . . Hulle kos, hul integriteit, en hul eenvoud wat my so diep geraak het.

En so het sy gegroei, haar takke gesprei, en gister het daardie olyfboom die kroonjuweel van die feesseisoen geword, ons kersboom. Swanger met honderde miniatuur olyfies, en vol belofte van ons eerste olyfoes in Pringlestraat.

Ons het ons feetjieliggies uitgehaal en haar bedruip en gekroon met feesjuwele. En toe sy perfek getooi is, het ons balle gehang soos oorbelle – groot, silwer balle wat laag onder die takke uitloer – en daisy-liggies wat haar stamme binne soos feetjieland verlig. En daarna houers vol teëkersies onder die druiweprieel gehang.

En toe alles klaar is, het ons 'n lang tafel aangedra, geliefdes genooi, vuur gemaak, en onder die Karoonag die feesseisoen langs die kersboom begin. En gesê hoekom ons vir mekaar lief is. En gepraat oor laatswem-aande, kampvakansies, braaivure en taai seelywe. En die wonder van die lewe.

Daar is min plekke in die wêreld soos ons Oudtshoorn somersaande; soel en vol belofte. En na 'n lang, moeilike jaar is die begin van die feesseisoen uiteindelik hier. Mens voel dit in jou lyf, en in die lug.

Mag ons hierdie feesseisoen vier met eenvoud. En liefde. En bowenal met dankbaarheid en deernis vir soveel van ons mense wat tans veg vir net nog een Kersfees saam met hulle mense. Vir hulle wat die stryd gewen het, of die stryd verloor het. En vir ons wat met nog 'n jaar geseën is om 'n getuie te kan wees van die mense wat ons liefhet se lewe. En vir die voorreg om saam met hulle weer kersliggies te kan aansit en aanskou.

overs-kedovers

solank ek nog huil
of kwaad word
of lang boodskappe stuur
of kortes
en probeer bel
of uitpraat
of min praat
maar ten minste nog praat
is jy nog oukei, ek en jy
of sal ons wees
eventually
maar sal ons wees.

maar as ek stil raak
dan is dit nag
stik-donker-nag
want dan is my woorde op
al my probeer
oor die krans gery
soos Thelma en Louise
in-sy-moer
overs-kedovers
oor en uit
to hell with this
koebaai.

oor katte en honde

So ry ek op hierdie Sondagoggend kafee toe, en sien twee honde op wegweesmense se gras. En sonder om verder te kyk, weet ek hulle base is nie tuis nie – die honde lê half doelloos rond en kyk daar vêr – hulle hele hondwees afwagtend van hulle base se terugkom, sodat alles weer kan sin maak.

Skop jy 'n hond, kom hy altyd weer terug, want honde het vir altyd iemand anders nodig om voor stert te swaai, by wie se voete hulle kan lê, iemand wat met 'n hoë, opgewonde stem met hulle praat, en hulle bestaan betekenis gee. Honde se oë is altyd gerig op hulle base, want hulle lekkerwees sit buite hulle lywe.

En dan kom ek by my huis en sien my katte. Katte is hulle eie lekkerwees. Hulle liefwees vir my is net so diep, maar hulle het my nie nodig om lekker te kry nie. As hulle aandag en liefde van my wil hê, kom vra hulle. As hulle gekrap wil word, kom sit hulle. En ten spyte daarvan dat ons saamwees hartvolmaaklekker is, is katte altyd besig met hulle eie hierwees. Want, anders as honde, sit katte se lekkerwees binne hulle lywe.

En so besef ek uiteindelik vanoggend, as dit by liefde kom, moet mens miskien meer soos 'n kat wees as 'n hond. Want om altyd vêr te kyk vir iemand om huis toe te kom en jou kop te vryf en mooi woordjies te praat om lekker te voel, is sekerlik 'n resep vir seerkry. En geen mens moet in elk geval so afhanklik wees van iemand anders se optelwoorde, liefde, en lekkerkry, dat jou hart vir altyd buite jou lyf by die tuinhekkie sit en wag vir 'n ander een se uiteindelike tuiskoms nie.

soos 'n blaar aan 'n boom

*H*y kyk my aan bo-oor die bril wat gevaarlik laag oor sy neus balanseer en vra in 'n geïrriteerde stem: "Kan jy nie net soos 'n blaar aan 'n boom hang nie?"

Twee modderbesmeerde motorfietse is nou net voor my oë regdeur die huis gestoot – enjins uitgehaal, skroewe, moere en vuilbesmeerde parte uitgestrek oor die hele omtrek van ons kuierstoep se langtafel. Olie wat aftap in plastiek margarienbakkies wat al boepens staan van vergeet. Maar ek mag niks sê nie – ek moet soos 'n blaar aan 'n boom hang, want hy wil in harmonie leef.

Ek voel nie soos 'n blaar nie. Meer soos 'n vulkaan.

Maar ek bly stil, en wonder by myself: hoe vêr strek onvoorwaardelike liefde?

Dalk moet ek (nog meer) aan die akkommoderende faset van my persoonlikheid werk? Hy klink dan so oortuig dat ek nie genoeg buig om hom te akkommodeer nie. Ek loop weg – weer. Sonder om te praat – vir die soveelste keer. Want om een of ander rede laat hy my selfsugtig voel, en woel sy woorde my oortuigings deurmekaar.

'n Jaar later sit nog 'n geliefde voor my en verwyt: "Hoekom kan jy my nie net onvoorwaardelik aanvaar nie?" Sy, wat elke dag 'n klip in haar eie dam gooi, is kwaad omdat ek 'n rimpel is. Want sy wil in harmonie leef. En daar moet ek weer soos 'n blaar aan 'n boom hang . . . in die naam van onvoorwaardelike liefde.

En te midde van al die ure daarna wat ek wroeg met die agterstevoor-onderstebo wat in my gedagtewêreld afspeel, besef ek vir die eerste keer in al my jare dat onvoorwaardelike liefde by my begin. Want dis my verantwoordelikheid om uit onvoorwaardelike liefde aan myself, my liefde slegs te gee vir mense wat weet hoe om dit te koester. En te onttrek van mense wat van my verwag om vir altyd niks meer as 'n blaar aan 'n boom te wees nie.

oor waardigheid

'n Mens wie se siel ek lankal gesien het, stuur vir my een van die kosbaarste boeke wat ek ooit gelees het: *The Education of the Little Tree.*

Daarin word 'n klein seuntjie groot saam met sy Indiaanse grootouers, en die boek gaan oor die lesse wat hulle hom leer — hy is die Little Tree. In een hoofstuk leer hulle hom hoe belangrik dit is om te eer waar jy vandaan kom, jou eie en jou voorouers se reis tot by die Hier. Dan vertel hulle van die Indiane in Amerika wat hulle lande moes verlaat, en na die land van die horison toe moes stap, verder as wat hulle bene hulle kon dra.

En omdat hulle met hul eie voete die land wat hulle liefhet wou verlaat, het hulle gekies om self te stap, nie in die waens te ry wat voorsien is nie. Hulle het nie links of regs gekyk na die soldate nie, ook nie afgekyk, of kwaad geword, of gehuil nie; hulle het hulle koppe gelig, hulle waardigheid behou, vorentoe gekyk, en bly stap.

En later, toe die soldate besluit dat die jonges en die oues wat dood is langs die pad nie meer elke dag begrawe kon word nie, maar slegs elke derde dag, het die Indiane hulle oorledenes self gedra tot waar hulle begrawe kon word. En as hulle nie meer kon loop nie, hulle dooies neergelê en geslaap langs hulle tot hulle weer kon opstaan en verder dra. Maar hulle het gedra. Ouers het hulle kinders gedra, ma's hulle babas, mans hulle vrouens, boeties hulle sussies. Tot hulle geliefdes se menslywe styf was, het hulle daai mense gedra. Maar hulle het bly gaan, bly aanhou, bly vorentoe gaan.

En te midde van al hierdie erg en verneder het hulle steeds nooit na die soldate gekyk, of afgekyk, of gehuil, of kwaad geword, of ineengestort of 'n tantrum gegooi nie. Het hulle koppe gelig, vorentoe gekyk, en dit gedoen.

En dis wat mens doen . . . jy doen dit net:
hoe laer jou vyand, hoe hoër lig jy jou kop;
hoe meer ongeskik, hoe meer respekvol;
hoë wegkyker, hoe vaskyker;
hoe wegholler, hoe vasstaner;
hoe vuiler, hoe skoner;
hoe skreeuer, hoe sagter;
hoe vloeker, hoe mooier;
hoe gemener, hoe meer diensbaar.
Maar jy roer nie.
Flinch nie.
Swig nie.
Wys nie.
Jy frikken own jou worth.
Jou murg.
Jou staan.
Jou beingness.
Jou waardigheid.
Jou Self.
Met hoe laer, hoe hoër.
Jy own it!

Vir jou Self, maar ook vir al die warriors wat voor jou gekom het – jou voorouers – moet jy dit own.

die voel van Damaraland

Daar, tussen die Huab- en die Ugabriviere, lê 'n vlakte waar mens verstrengel kan raak in jou eie lekkerkry; 'n plek waar jy jou brein kan gaan leegpak, en mans in hulle nothing box kan gaan langbeen sit en uitspan. In daardie vlakte het ons leer praat van die klein grootmannetjie, die ystervarkberg, die pienk berg, die pers berg, bobbejaanberg, en leeukop. Daar het ons ook gehoor van woorde soos "olifantvoete" en "hartseerdroogte", en geleer dat daar aan die voete van Mona Lisa se groot rotsheuwels bome groei waarvan die blare soos engelvlerkies lyk. En dat mens 'n sinkdakduin kan opry dat dit voel of jy oor die webbe van 'n konsertina kaskar-resies jaag.

Onder die rivier se groot Anna-bome, het ek gehoor hoe olifante in die nag blommetjies oor mens se tent strooi terwyl hulle verkleurmannetjiesag deur die kamp kom stap. En gesien hoe hulle soos 'n vet vrou wat gemeet moet word na 'n Desembervakansie agter klein bome gaan wegkruip, en glo dat hulle onsigbaar word omdat hulle hul mae intrek en regop staan.

Onder die sekelmaan het ek 'n Namib-vuur beleef wat hoër as langmanhoogte gebrand het, en met opstaankoffie se kringetjiestaan nog boudewarmmaak-lekker was. En elke oggend het die oggendster my wakker gemaak, om in die donker 'n hoogte uit te klim en die Lig te sien opkom. Oor my. En Sy wêreld.

Daar tussen die Huab en die Ugab, is 'n vlakte waar die Verwer se palet op die grond geval en berge gegroei het. En waar daar soveel lae jaarringe lê, dat mens elke dag vir die res van jou lewe 'n nuwe laag van mooi sal kan oopkrap. Genoeg mooi om in die diepste nate van jou hart te gaan lê, en saam met jou mooiste kykgoed vir altyd in jou onthouboks te bêre.

Laura Dekker

aura Dekker het op sestien die jongste persoon geword om solo om die wêreld te seil.

Solo beteken solo. Solo beteken toe sy *veertien* jaar oud was, het sy haar roete beplan, haar mense gegroet, alleen op haar seiljag geklim, en alleen die see in geseil vir twee jaar. Solo beteken niemand het haar gevolg, vooruitgegaan, agternagekom, vir haar kos gemaak, oor haar gevlieg, haar genurse as sy siek is, by haar gesit in 'n storm, haar gehelp as sy verdwaal het, of getroos as die branders te groot raak of die pad te vêr nie. Sy moes alleen om die Kaap van Storms vaar, alleen by vreemde hawens inseil, en alleen besluit hoeveel kos sy moet koop vir die volgende alleen op see.

Haar storie het my aangegryp. Meestal omdat ek gewonder het hoe absoluut amazing haar ouers moes wees om 'n kind op veertien so onafhanklik te hê dat sy kans sien vir so iets en dit kan regkry. Wat het hulle gedoen?

Ek kry uiteindelik nou die aand 'n dokumentêr oor haar in die hande, en daar kry ek die antwoord hoe haar ouers dit reggekry het — hulle het absoluut niks gedoen nie. Haar ouers is geskei toe sy vyf jaar oud was. Sy het saam met haar pa gebly, wat ten spyte van sy greatness en liefde vir haar, permanent moes werk (as hy negeuur in die aande by die huis gekom het, het hy begin werk aan bote wat hy moes regmaak). Hy is darem ook die een wat haar afgeleefde seiljag vir haar gekoop, saam met haar gerestoureer, haar leer seil het, en haar droom saam met haar gedroom het.

Maar meestal moes hy werk. Laura moes haarself by die skool kry, huiswerk doen, eksamen skryf, kos maak en huishou. Om te seil was haar stokperdjie. Dit het ook haar asem geword.

Toe Laura vertrek het op haar solo-reis, was haar ma nie daar om haar totsiens te sê nie – sy was met vakansie. Haar donnerse ma was met vakansie! Maar Laura het haar kop gelig, haar reis gereis, en 518 dae later haar droom verwesenlik.

En so vat ek Laura se storie en maak dit myne. En ons s'n. Want dis 'n storie van oorwinning. Want teenspoed is 'n skaap in wolfsklere – 'n seëning wat lyk soos 'n vloek. Dis daardie swaarkry wat jou gaan onderskei van die res, murg in jou pype gaan sit, en jou die kampioen van jou lewe gaan maak. So konfronteer daardie moeilike ding uiteindelik, vat dit aan en oorwin dit. Wees 'n Laura Dekker, want jy kan. En kry vir jou 'n stokperdjie. 'n Asem. Daardie ding wat dit vir jou lekker gaan maak om saam met jouself te sit.

Ek is kwaad vir Laura Dekker se ma. Huilkwaad. En ek is nou nog jammer vir Laura Dekker se pa, wat tyd saam met sy dogter moes verloor ter wille van oorlewing. Maar ek is trots op haar, Laura, wat ten spyte van haar uitdagings haar spiere vir die lewe gebult en haar seile teen die wind gespan het.

My wens is dat jy jou inner warrior sal aangryp op jou reis deur die lewe, dat jy die hard met 'n groot glimlag sal klaarkry. En dat jy jou seile sal span na die wind, sodat die sterre ook oor jóú kan skyn, al die dae van jou lewe.

die smitte se koeke

Richard Wright se selfgebakte kasteelkoek is drie verdiepings hoog, met uitgesnyde kalligrafie-gelukwensletters, en 'n feetjie bo-op wat dromerig oor haar koninkryk uitkyk. En Richard is nie 'n bakker nie – hy is 'n leermeester. En 'n survivor. En 'n atleet. En 'n fotograaf. En 'n inspirasie. En bo alles, is hy 'n alleenpappa. En daarom het hy ook 'n bakker geword – sodat hy elke jaar vir sy twee dogters die mooiste onthoukoeke kan bak.

Vir solank as wat ek kan onthou blaas ons kersies dood op plat, bruin koeke versier met bougainvilleas uit die tuin uit. Of roosblare, en petunias waarvan die versiersuiker die blare verwelk. Want die vrouens in ons familie bak passievolle koeke – koeke wat lyk of hulle opera-name moet hê. Sulke eksentrieke skewes en plattes, só opgedollie met tuinblomme en kondensmelk dat dit lyk of dit presies uitgekom het soos die bakster dit beplan het. Blerrie lekker koeke met baie liefde gemaak.

En nou word Lielie sestien, en ek slaan 'n sweet uit, want sestien is 'n belangrike getal, en Richard Wright se Facebookkoek is in my agterbrein vasgebrand.

Ek is ook 'n mamma wat self my kinders se koeke bak, maar ek is ook 'n Smit – so my koeke lyk ook of hulle opera-name moet hê.

Ek sluk die sweet op my voorkop met 'n glas rooiwyn af, en begin. Dié jaar klits ek bietjie langer – miskien help dit om hom hoër te kry. En toe my tweelaagkoek vir die sestiende jaar in 'n ry net vyf sentimeter hoog is en die horlosie tienuur wys, fluister Richard in my oor ek moet nóg 'n baksel bak dat ons hom hoër kan kry. Teen elfuur besluit ons ons bou 'n toring. Ek sê hy moet eers bietjie wag sodat ek nog wyn gooi. Teen halftwaalf sê hy sit aarbeie by, en witsjokolade-ganache. En bruines. En nog 'n klein koekie heel bo. Met 'n kroon, en sestien kerse. Vir my Lielie. Richard se stem in my kop word uiteindelik stil.

Twaalfuur die nag sit ek tuinblomme op. Want ek is 'n Smit. Rose vir my Lielie én vir Richard. Want met 'n enkele post van sy prinses pappa-koek, het hy van my vanaand 'n beter mamma gemaak. En 'n beter bakster. Wel . . . amper.

daar was later sulke diep poele
wat vlak in daai twee blou oë van jou gesit het
maar jou mond was toe
getrou toe
want jou hart was altyd lojaal

plaas dat ek net gevra het
dan sou ek dalk beter verstaan
kon ek dalk jou seer vir jou vashou
bietjie saam met jou swem
al was dit net vir 'n oomblik
maar ek het eers later leer praat

nou dat jy weg is
heeltemal vêr weg
swem ons in daai poele
daai waarin jy so lank alleen moes wees

die water is diep
en koud
en baie, baie donker
en terwyl ons wat agtergebly het
mekaar se arms omhoog hou
dink ons aan jou
aanmekaar

ek wil net sê . . . ons verstaan
ons almal verstaan

en ek wil sê . . . we *salute you*
and we honour you

ek bou vir jou 'n standbeeld van woorde
ek gee vir jou 'n kroon met juwele van ons liefhê
en ek wil net sê: jy het goed gedoen

met my oë op jou

as die maan nie meer oor jou gaan skyn nie
wil ek nie meer wyn drink nie
ek wil nie meer langs die see stap nie
wil nie meer voor 'n vuur kyk nie

as die son nie meer vir jou gaan opkom nie
wil ek nie meer ons kaas eet nie
nie meer tent nie
nooit weer visbraai nie

as die sterre vir jou gaan verdof
sal die Karoo nooit weer so stil voel nie
sal langbeen sit nie weer so diep wees nie
sal my vashou nooit weer so lank wees nie

want my lekkerkry wil ek nie meer kry
as jou lekkerkry nie meer kan nie
want my hart wil nie meer lag
as joune nou gaan huil nie
want niks sal weer kan reg wees
as nou net so nie reg voel nie

so, ek wil net sê
as jy nie meer gaan speel nie
dan speel ek ook nie meer saam nie

armoede

it was 'n vakansiedag in die Klein-Karoo, die strate was stil en klaar taai van die son. Ek het hulle twee in die nêrens sien stap, soos daardie lone rangers van die cowboy movies nadat hulle perde afgevat is.

Die tannie was vroeg sestigs, maar het al soos 'n verrinneweerde plaaspad gelyk; haar lyf soos 'n dwarsgedraaide waatlemoen met twee sosatiestokkies aan die kante ingedruk vir bene. Heupe wyd, bene krom, haar skoene buitentoe afgeloop, sole weg. Sy het gesukkel, gestaan, gerus.

Haar kleindogter was al tiener, twintig meter voor Ouma uit . . . van skaam. Duime op die foon. Mooi genoeg aangetrek, met hare wat te vaal is. Haar ma êrens in die wêreld . . . moontlik iemand, maar waarskynlik niemand. Die kind by Ouma gelos.

Ouma moes weer rus,
sy wou nie meer nie.
Maar die kleindogter wou stap,
want sy wou ook nie meer nie.

Toe ek langs hulle stop en vra of ek hulle 'n geleentheid kan gee, het Ouma huilerig geraak. Die kleinkind was die brein en die stem: "Dankie tannie." Hulle het begin inklim, die kind (te regop) voor langs my, nadat sy die deur (te hard) toegeslaan het. Ouma het langer gevat, want sy moes agter sit en self inklim (en haar bene wou nie meer optel nie).

Ek het omgedraai en met Ouma gepraat, sodat ek haar storie kan probeer sien. Sy het probeer terugpraat, maar haar stem was net 'n pieperige, hoë asem, soos 'n mens wat nog nooit kon veg of baklei nie. Haar hare was donserig, haar vingers krom om die nat sakdoek. Haar crimplene-rok het vasgeklou om borste wat te laag hang. Ek kon sien sy het lankal haar waardigheid voor die lewe se voete gaan neerlê; al haar probeer oor die wêreld se insluk gesaai.

Sy het my vertel hulle moes dorp toe, na die moneylenders toe, maar almal was toe. Sy het vertel hulle het geweet dis vakansiedag, maar hulle moes net probeer. Maar almal was toe.

Ek het hulle voor die huis met die vibacrete-muur afgelaai. Die hek was oud en stukkend. Die kleindogter het oopgemaak, hulle het saam gepeuter aan die hek se toemaak, en weggeloop.

Ek het lank gesit, gekyk. Wou meer doen. Vashou. Troos. Help. Luister. Oplig. Langer bly.

En uiteindelik weggery, van nie weet hoe om meer te doen nie, en my eie lewe stywer liefgehê.

die moer in

daai vreemdeling het sy aggressie soos 'n emmer water oor my
kop kom uitgooi
soos 'n kobra sy lelik in my gesig kom spoeg
ek het probeer praat, maar hy wou my nie hoor nie
sy vlamme het aan die stilte in my kop kom brand

ek het myself gehoor . . .
hoe ek self soos 'n dronk vrou in die township begin klink . . .
van daai wat 'n dubbelspoor loop met oë wat soos 'n
verkleurmannetjie die wêreld-in kyk
uiteindelik was ek gillend en skreeuend, die absolute moer in

en op my kwaadste, heel onder in daai dal van doodskaduwee
toe smyt ek die foon in sy oor neer, soos 'n kind
die lied in my hart se tjank afgetrap
stomgeslaan

en nou sit ek en perkoleer oor hierdie valdeur
ek was nog buite toe lê ek binne
want ek wou verduidelik ek was reg
ek wou regverdig hy doen niks
ek wou, ek wou, ek wou
ja maar, ja maar, ja maar

aan die einde van die dag is dit alles irrelevant
klaar verby
al wat tel is ek het myself laat dart
in sy strik getrap
binne-in die gat geval
my vrede laat steel

en my ego toegelaat om sy modder in my hart te kom was
en my water te kom vuil

ek besef ek moes aan my sterkwees vashou

want dis meer werd as my terugspoeg

ek besef ek moes vroeër stop
want stilte is meer werd as gif

ek besef ek moes vroeër jammer sê
dat ek sy angel kon uithaal voordat hy dit in my oog kon steek

volgende keer sal ek met my vrede voor my kwaad gaan staan
met my vêr kyk voor my inkyk
met my luister voor my praat
en met my liefde voor my seer

volgende keer sal ek weer probeer
en onthou dat niks groter is as die prys van Vrede nie
en weer probeer

ouma willa

*M*y ouma Willa was 'n nooi Gentle, en een van die mooiste vroue wat ek ooit geken het. Sy was groot en sag en melkwit van Skotse bloed, met blou oë en kuiltjies, en onderarms wat altyd in 'n ander rigting gegaan het as haar bo-arms (tot ons kleinkinders se groot vermaak).

Sy was 'n mens wat haar liefde in die kombuis uitgebroei het, met Hertzoggies, en toevoude jamtertjies, en vet-en-stroop-broodjies met uitgebraaide kaiings wat ons kaalvoet in Keet-manshoop se peperboom-skaduwees op draadstoeltjies geëet het, saam met oupa Hugo met sy hoed en swart koffie en sy pyp en sy kuggie.

Sondae het Oupa gebid: "O Heer voor spys en drank seg ons U naam Lof en dank. Amen," en dan het ons ons versmul aan Ouma se afval of skaapboud of hoender of ribbetjie of lamsblad, met gebakte aartappels en soet groente en rys wat vasgesit het aan die lepel. Of koring met suiker en bruinsous.

Sy het my geleer dat mens melkkos maak met pypkaneel, en van sondes soos rys-en-melk uit die pot uit krap, en beskuit doop en met 'n bottertjie eet. Sy het my leer hekel, en knope aanwerk en some insit (maar nie op Sondae nie, want sy het gesê dan steek mens jou naald in die Here se oog).

Ouma het met 'n lang nagrok geslaap, en vir altyd haar Bybel gelees en langs die bed op haar knieë gebid. En gepreek mens mag nooit kwaad gaan slaap nie. En ten spyte van haar suikersiekte altyd 'n suiglekkertjie in haar bedkassie gehad, en elke aand twee vingers whiskey gedrink met ys en een vinger water. Sy het op 94 nog vertel van die nuus van die dag, en gepraat van Keetmans, en die ou dae toe hulle diamante in hulle bra's weggesteek, en nog trein gery het.

My ouma Willa was 'n vrou van baie talente, maar vir my was haar grootste groot die manier waarop sy my oupa haar kon laat liefkry – op 'n oplig manier, en 'n vashou manier, en 'n glaskas manier – en hom met soveel sag in sy oë na haar kon laat kyk, tot die dag van sy laaste asem.

Daardie is vandag, as ek terugkyk na hierdie mens, my ouma Willa se grootste groot.

1976: Ouma Willa, Oupa Hugo en my boetie Francois
by ons huis in Keetmanshoop.

staan op

Soooo . . . dit het gebeur . . .

Jou vrou is weg, jou man is dood, jou geld is op, jou been is af, sy't jou verneuk, hy't jou verniel, hulle het jou besteel, vergeet, gelos. En jy's finish en klaar, gedaan, op, stukkend, moertoe. Jy sien jouself oud word, voel jou hart vasgroei, hoor jouself weghol. Jy bid vir doodgaan, verdwyn, wegkwyn – enigiets, solank die seer net kan ophou.

Stop.

Die realiteit is dit *maak nie saak* of dit onregverdig is nie, al is dit.

Al wat saak maak is dis *real*, en *jy's nog hier*. Punt.

En as jy nog hier is, het jy nog werk om te doen, 'n verskil om te maak, 'n les om te leer, 'n voorbeeld om te wees. Want as jou werk klaar was, sou die fluitjie geblaas en die trompetgeskal jou kom haal het, maar dit het nie. So, tot daardie dag is jy in die wedloop, *vir 'n rede*, nie vir opgee nie. En jy gaan hol. Op jou beste.

So vee af jou trane, tel op jou kop, gaan haal daardie asem, wapper jou vlag, en begin weer. Vir die twintigste keer, dertigste keer, honderdste keer. Maki saki.

Net vir vandag
en môre vir môre
en oormôre vir oormôre

Warrior, kind van die Lig: Jy is nie alleen nie.
Ons cheer jou aan. Staan op!

my tribe

Daar was baie jare in my lewe, vir te lank in my lewe, wat ek gekies het om jammer te sê vir my-wie-ek-is, my Tania-ness. Jammer dat ek te sensitief is, dat ek harder praat, makliker huil, meer in beheer wil wees, minder aktief wil wees, die lys gaan aan en aan.

Later het ek begin om myself in fotostate te dupliseer en dan met nuwe kleure te probeer inkleur. Ernstiger terwyl ek wou speelser, minder terwyl ek wou meer, rooier terwyl ek wou groener. Net sodat ek 'n beter weergawe van myself vir ander kon probeer word, en in die proses 'n swakker weergawe van myself vir myself moes word.

Tot die dag toe ek myself, net soos myself, sonder verskoning op die tafel begin sit het, van-konnie-meer-nie. So stabiel as wat ek op my beste kon bemeester, so netjies as wat ek in hierdie lyf moontlik verpak kon wees, maar een honderd persent onherroeplik en onverskoonbaar ek. The Real Deal.

En so kon my tribe my begin herken, my mense my begin vind, my sielsmense hulself aan my begin verbind, en my deur al my lae van feilbare menswees begin liefhê. En hulle staan sterk, hierdie mense wat my liefhet, deur my draak en my stormwinde en te veel trane en hier-te-kort-en-daar-te-lank-vol-stront.

Want die mense wat deel is van my tribe sal altyd, deur die mis van die donkerste nag, my hart deur al die lae menswees, helder kan herken en verstaan. En my toelaat om weerloos te wees, eerlik te deel, en dapper te voel. En my aanvat en rek en buig en plak, so hoog en vêr soos ek in hierdie lewe moet gaan, maar hulle sal my liefhê. Guardians of my heart, warriors of the universe; my tribe.

om te weet

Die aarde se vrae is vir my soms sweetvrae . . . soos watter selfoon se kamera die beste is, hoeveel RAM my rekenaar moet bykry, of hoe om my begroting te laat klop as ek wil aanhou botter eet en wyn drink.

Maar, as dit by die skepping se vrae kom, is dit 'n heel ander storie, want al die antwoorde is onder die lig van die sterre oor my hart geskryf, en is maklik om te hoor (al is dit soms moeilik om na te luister).

My vel weet presies hoe voel ordentlike linne, en my neus kan brood se gaar op die presies regte tyd uit die oond haal. My hand weet hoeveel sojasous en appelkooskonfyt gemeng moet word sodat snoek op sy lekkerste proe, en my voete weet dat kaal sole beter is vir my lyf as plastieksole.

My mamma-hart ken die verskil tussen 'n aandaghuil en 'n seerhuil, my vrouehart weet wanneer 'n manliefde nog vashou of al laat los het, en my arms weet vanself wanneer hulle my tiener twee van vêr af of van naby moet vashou.

Dis die taal van dankbare grond na genoeg reën, die knyp van genoeg sout vir 'n skaapboud, die voel van jou pad deur 'n seermens se hart, die hoor wanneer om weer te probeer of weg te loop, of die raaksien van 'n mens wat genoeg of te min vir jou gaan wees.

En ek weet ek moet saampraat oor hoe Kaapstad se water gaan meer raak, of 'n stukkie van my ekstra belê in daardie virtuele geldeenheid, en teen nou al kan verstaan hoe inflasie een syfer kan wees terwyl kos se betaal elke week met twee syfers opgaan. Maar ek doen nie, want dis die Skepping se antwoorde wat deur eeue heen nog dieselfde is vir Adam en Einstein en Racheltjie de Beer en Saartjie Baartman wat ek die graagste na wil luister. Dis maklik verstaan, en diep geskryf in waarheid, en sal aan die einde van die maan en sterre se opkom en gaan lê steeds op dieselfde manier gepraat en verstaan word.

die engel

E k het sopas 'n engel gesien. Hy woon in die lyf van die mooiste man. Sy vel was swart en sy hare grys-en-swart korreltjies, sy glimlag groot en breed en maklik, en sy lyf was fors en teenwoordig toe hy in die kamer ingestap kom. Hy moes kom peuter aan my nuwe bril, en het met makliksien-oë na my gesig en my hare gekyk. Met 'n gewillige diensbaarheid geluister en gewerk, en sag gepraat.

Maar dis sy Gees wat my so diep geraak het. Sy Gees het twee meter voor hom ingestap, en 'n pad van wit lig voor hom skoongevee. Dit het uit sy oë uit geskyn en sag in my hart kom lê. Dit het my lus gemaak om my hart soos die Rooisee vir hom oop te kloof om te wys ek kom in vrede. Om te wys ek sien hom ook. Ons wedersydse oomblik van *I See You*.

Hy was soos 'n kragpunt, die man. 'n Lewende kragpunt. Strategies geplaas in 'n brilwinkel, vir al die bysiendes en ver- siendes van die wêreld se volmaak.

geyserliefde

ons het mekaar dadelik gesien, ek en sy
special gekuier
diep gekyk
en gesels oor engele
en waarsêers
en karma
en oor die uiteindelike aankoms
van die ladybirds in haar tuin

haar geliefde het vir haar die huis gekoop
een van die mooistes in ons dorp
vir haar 'n organiese tuin aangelê
sodat sy nooit met gif hoef te werk nie
en in die water, tussen die lelies
'n standbeeld van 'n kaal vrou geplant
wat met haar hande na die sterre reik
(ek het altyd gewens daai kaal vrou kan so in my tuin ook kom staan)

en toe nou die dag
voor die herfs
toe gaan sy dood
sommer net so
pragtige vrou, laat vyftigs, voluptuous

en na al daai gesels
was my kyk in daardie dae steeds te vlak
om te besef hoe diep sy liefde vir haar gelê het
want twee maande na haar
nog voor die winter
toe gaan hy ook dood
sommer net so
van verlangsiekte
van-sonder-haar-wees

en na al daai liefhê
van jare en jare se saam
is albei weg
en die huis
en die meubels
en die ladybirds

en al wat oorbly, die twee monumente van sy hart
die kaal vrou wat met haar hande na die sterre reik
en die ekstra geyser wat hy spesiaal vir haar laat insit het
sodat sy met rosyntjietone kon leesbad, soms 'n hele boek lank
en altyd kon warm bly, in sy liefhê van haar
sy Mens

om jou te kan vergeet

ek het soos 'n honeymoon-kar se blikkies agterna gekletter
terwyl jy van my af weggejaag het

my hart se torrings al flappend agter jou bumper aan
losgeruk, want ek kon myself nie betyds loskry nie

ek wil my onthou van jou afskud soos 'n hond wat van 'n swem
af kom
ek wil my ore afhaal sodat ek nie meer jou songs kan hoor nie
ek wil my oë wegsit sodat ek kan ophou sien, en dan dink jy sou
nou dit gesê het

ek wil soos *Eternal Sunshine of the Spotless Mind* gaan lê
sodat hulle jou kan kom uithaal uit my brein uit
en ek kan wakker word asof jy nooit gebeur het nie

sodat jy uit my hart uit kan kom
uit my dink uit kan klim
uit my are uit kan wegvloei

sodat jy net asseblief vir my 'n niemand kan word
en ek weer soos genoeg sal kan voel
vir iemand

aan die einde van die dag

kom sit hier by my en vertel my van jou dag
van jou lekker, jou sleg, jou huil, jou planne, jou lag

dan vertel ek jou van daai kerrie wat ek vandag geëet het
en vertel jy my van die boek wat jy nou lees
en vertel ek jou van my nuwe huisengel
en vertel jy my van die trip wat jy beplan

en terwyl die son sak sal ek vir ons 'n kersie aansteek
en my voete opsit terwyl jy langbeen sit
en vir ons daai bottel wyn oopmaak wat ek verlede jaar by die
Sederberge gekoop het
ek sal 'n ysie bygooi, en jy sal sê mens drink nie wyn met ys nie
en ons sal stil raak en lekkerkry onder die prieel terwyl die son sak

en jy sal sê ons gaan nou vuurmaak, want ons kan
en ek sal die laaste van die Desember-lam se tjoppies uithaal
en terwyl ek in die kombuis is,
sal ek die feetjieliggies onder die wingerd aansit
en die ou straatlig agter in die tuin
wat 'n weerkaatsing oor die swembad skyn
en dan die lig buite die waskamer
wat 'n magic in die pruimboom in skyn

en ek sal vir ons musiek opsit . . .
Ella Fitzgerald of Leonard Cohen of Neil Diamond of Ray la Montague
of as ek nie wil besluit nie sommer net shuffle
en as die kinders by die huis kom,
sal almal vuur toe kom en gelyk begin praat
oor die hokkieoefening
en daai moeilike toets
en hoe dit met die mondeling gegaan het
en hulle nuwe koorlied
en hoeveel huiswerk hulle nog moet doen
en natuurlik hoe honger hulle is

en soms sal sy gou inloer omdat sy met haar hond gaan stap het
of hy wat naby was en gou 'n sak tamaties wil kom afgee
en ek sal vir hulle stoele nadertrek
en nog 'n bottel wyn uithaal
en elkeen sal sy vertel begin leegmaak
en sy lag begin opwen
en sy hart begin volmaak

en ek sal daar sit en soos 'n ryk vrou voel
en dink dis presies hoe elke dag vir my moet eindig
meer real as my werk
of my budget
of my kar se diens
of die raam van my nuwe bril
of my tenniselmboog wat nie wil reg nie

want dis vanself.
en dis maklik.
en dis saam.
en dis goed.
en dis real.

reën

Dit het sopas gereën in die Klein-Karoo. Nie 'n sagte, deurdringende reën nie, maar 'n blitsende, klappende, windwaaiende storm wat my bome tot op die grond laat buig en my diere onder my stoel ingejaag het.

En ek het buite gaan sit, sodat die storm haar spoegsels water onder die stoep se dak in kon uitstort en oor my gesig kom sproei. Sodat ek elke mergel van die intensiteit daarvan kon beleef, elke druppel se val kon hoor en sien. En net daar kon sit, as 'n dankbare Karoomens.

En toe dit verby is, het ek die bakke reënwater wat ek uitgesit het ingedra, en elke potplant 'n blikbeker reënwater gegee, vir hulle onthou. Ek het my diere reënwater gegee sodat hulle weer kon voel hoe 'n dors regtig geles kan word.

En ek het die dankbaarheid in my lyf gevoel, en daarmee saam die mens se absolute hunkering na reën besef. 'n Hunkering na daardie uitspattige bless van die aarde en sy skapelinge, nie net vir die aarde nie, maar ook vir my siel. My vel wil dit voel, my ore smag na die hoor daarvan, die ruik daarvan, my voete in die loop daarvan, my vel na die taai daarvan.

Want reën in die Karoo is soos salf vir elke mens wat kies om in hierdie hitte te kom wortels grawe. Dis balsem, en asem, en uithou. Dis genade, en belofte, en hoop, en nodig, en dankbaar.

ons getuies

As 'n blom iewers op 'n krans in die middel van 'n dorre woestyn blom en die mooiste spektakel van kleur en geur afgee, maar niemand is daar om dit te sien of beleef nie, het dit regtig gebeur?

Ek beleef daardie vraag so baie in my eie lewe – oomblikke van grootheid wat ongesiens verbygaan omdat daar nie op daardie oomblik iemand kosbaar is om 'n getuie daarvan te wees nie. 'n Wonderwerk, 'n kroon wat op my kop gesit word, 'n berg wat oorwin word, 'n hart wat geraak is, 'n wedloop wat voltooi is.

Of my liefmense wie se oomblikke ek mis. Enorme, groot moments of greatness. Omdat ek mens is. Ten spyte van my beste probeer.

Die Bybel praat oor waar twee of meer teenwoordig is . . . maar geld dieselfde nie ook vir geluk, en hartseer nie? Is dit nie waar die helfte van egskeiding se pyn vandaan kom, omdat die getuie van jou lewe uitgeskeur en in 'n ander boek geplak word nie? Oumense wat legendariese, onvergeetlike lewens gehad het, maar in ouetehuise sit met kinders wat vergeet, en 'n gewone pensionaris-sonder-storie moet word nie? Gesinne wat uitgewis word met een oorlewende wat met 'n boek sonder blaaie moet aangaan. Kinders wie se ouers trek, en sonder-storie op 'n nuwe speelgrond moet opdaag waar hulle deurskynend van voor af moet begin nie? Mammas en pappas wat nie meer ouers het om hul kinders te sien grootword nie.

Is dit nie hoekom mense soveel waarde heg aan Facebook en Instagram, om moments of greatness te deel, en ons dors na getuies van ons lewe te les nie? Al lê ons waarde in ons geestelike en emosionele vermoëns, is ons oomblikke van grootheid nie maar die fotoboek van ons lewe nie?

Die realiteit is dat ons aan die einde van die dag elkeen alleen staan, met ons Boek onder ons arm. En op ons laaste reis sal ons geliefdes op die paadjie na die poorte staan en wag, elkeen met hul Onthou van jou om in jou Boek te plak.

En voor jy ingaan, sal jy by die spesiale tafel gaan sit: die Tafel vir die Reisiger van die Lewe. Om jou eie Onthou onder jou hart te gaan haal, en neer te pen op die verwese plekkies, net so waardig soos die oomblikke wat saam met die ander beleef is.

En as jy daar instap met die fakkels wat jou pad na jou Huis toe verlig, sal jou boek vol wees. Omdat jou hierwees, al was dit alleenwees, net so real sal wees soos die blom in die nêrens. Want *a miracle unseen, is a miracle nonetheless* – joune om te dra in jou hart vir altyd.

my draak

k vermoed daar skuil 'n draak in my. Dalk is dit ego, dalk die inner child, maar wat haar naam ook al is, daardie ondier spring soms uit en begin met my lippe praat, en met my ore hoor en met my kop dink. Sy is 'n dierasie, en 'n lelike besigheid, maar tog so onherroeplik verweef in my menswees.

Ek skree gisteroggend op die kinders. Nie 'n elegante Mejuffrou Suid-Afrika gilletjie nie, maar 'n lelike comrades-skree met kleintongetjie wat tril en trane en 'n stem wat twee kante toe gaan op dieselfde tyd. Oor skottelgoed wat staan en asblikke wat oorloop, en bolle wat lê, en orde wat altyd net iewers om die volgende draai is, maar nooit hier in ons huis nie. En ek sien hoe my fineer afkom, en hoe die leksels vlamme uit my hart uit wriemel vir lug, en opkom vir asem deur my tong.

En terwyl die geraasdes skarrel vir voorkom, gaan sit ek op die bank, vir asem, en lees die ongelooflike huilmooi boodskappe wat my Hekelwoorde vir lesers beteken. Briewe geadresseer aan my engel. Terwyl my draakstert nog in die kombuis op die vloer klap, toe is die engelkrans op my kop. *Die beleef daarvan het my bloed laat stol!*

Die Yin en die Yang, die Lig en die Donker, die Gelukkig en die Hartseer. Beide teenwoordig in my lyf, presies op dieselfde tyd!

En ek wroeg daarna heel dag. Oor hoe my oos so vêr van my wes af kan wees. Oor hierdie lelik in my wat ek nie oorwin kry nie. Oor my flippen feilbaarheid, wat gewoonlik uitspring as die wêreld se grense vir my te vêr begin strek. As my arms te kort voel, en my woorde te min raak.

Ek haat haar, daardie draak. Sy maak my skaam, en laat my feilbaar. Maar ek besef gister sy is ook my Warrior, wat voor kom veg as my Sagwees te op is. Sy is die laaste bastion, wat sal verrys uit die donker voor die poorte na my Stad afgebreek word.

En, terwyl ek handevol van my waardigheid in daardie skurmutseling weggooi, kom staan sy voor my met haar swaard, om my hart te beskerm. Om my Dapper te help bly staan. En sy kom altyd terug van die slagveld en kom sit my Weerprobeer weer voor my neer, met 'n dienende hart. Sy, die Bewaker van my Grense; die Warrior van my Stadsmure.

En teen vanoggend sê ek dankie. Aan haar, my onmanierlike gedierte. Wat altyd geduldig wag tot die laaste ordentlike soldaat geval het, voor sy oprys en haar vuur kom spoeg.

En ek verwelkom haar, want sy is ook myne, geplant in my hart vir beskerming. En ek sal tyd met haar vertoef, en haar taal leer praat. Sodat ek haar soms kan gerusstel dat ek oukei is. En kan hoor as sy iets het om te sê. Sodat ons kan leer saamwerk, ek en sy. Want elke draak het 'n leier nodig, en ek sal my draak se leier word.

En ek sal haar liefhê, al maak sy my skaam. Want haar uitkom is min, en dapper, en fors. En nodig. En haar omgee vir my is grensloos. Vir haar, Bewaarder van my Grense, Warrior van my stadsmure, sal ek haar liefhê.

die begraafplaas

&k wonder altyd oor daardie ding as ek daar verbyry. Hoekom grênd mense na hul dood steeds moet grênd lyk tussen arm mense, en hoekom arm mense wraggies tot na hulle dood steeds moet arm lyk langs die grênd mense.

Daardie arme arm mens met 'n eenvoudige ou sement "slabbie," versier met die Chinese winkel se bekostigbare plastiekblomme wat vinnig verbleik, al was hy die wêreld se grootste engel. En sy nuwe buurman, met 'n marmertoring wat amper tot binne-in sy rusplek in die hemel strek. Met nog 'n engel bo-op wat 'n soentjie in die wind in blaas. En blomme wat lyk of dit vars uit die grafsteen uit groei; alles ingevoer en net die beste, al was hy die drinkwater se grootste drol.

Ek sou wou sien dat die dood alle paaie gelykmaak. *Ashes to ashes, dust to dust.* En dat elke mens 'n plat steen kry wat dieselfde lyk, met sy woorde daarop. Ek sou wou sien dat groot koeltebome vir elke geliefde wat weg is dieselfde skaduwee gee sodat elkeen in vrede kan rus, op dieselfde manier. En dat dieselfde saailinge gesaai word, vir dieselfde blomme tussen bure. En dat ons wat agterbly met dieselfde liefde al die grafte dieselfde moet mooi. Want ons verlang lyk dieselfde. Ons trane proe dieselfde. Hulle weg is dieselfde. Want na die dood is alles dieselfde.

En niemand wat gaan, kan met grêndgeit hul Saligmaker ontmoet nie. Hulle kom in elk geval daar aan met net hulle Boek.

En niemand wat agterbly se torings van liefde, kan nog gebou word na die dood nie. Dit moet gedoen word in die lewe.

So ek wonder, hoekom ons mense so daarvan hou om beter te wees. En hoe dit moet voel om altyd slegter te wees (al was jy jou hele lewe beter). En ek wonder hoekom kiste goue handvatsels moet hê, en blink varnish, en satyn binnegoed. Al is mens dood. Ek wonder.

kokon

kom lê hier by my, my lief
sodat ek om ons 'n kokon kan spin
dat ek jou pols kan voel
en jou hart kan luister
en jou stem weer my voel kan salf smeer
jou arms my weg weer kan naby

jy, mens van my hart
kom lê hier by my

sodat my lyf weer kan onthou
hoe jou begin gevoel het
jou asem in my wees in kan gaan
jou omsingel my wegdwaal kan keer
en jou soen my oë terug na jou toe kan draai
want ek wil na jou toe verdwaal

ek wou
altyd
nog altyd
net na jou toe
verdwaal

so kom lê hier by my
dat ek vir ons 'n kokon kan spin
sodat ek hier binne moet bly
kan bly
wil bly

want ek het vergeet
so ek vra vir onthou
sodat ek kan bly
in ons kokon

as jy nog wil, my lief
sou ek graag wou, my lief
as jy nog wil

oor egskeiding

Baie jare gelede moes ons ook ons trouringe by Egskeiding se voete gaan neerlê. Net soos elke ander mens wat nog ooit wou (of moes) skei.

Sy is 'n pragtige vrou met vele gesigte. Met 'n glimlag soos mooiweer, en 'n lang stert soos 'n krokodil. Haar hele liggaam geklee in skubbe van spieëls, sodat elkeen wat na haar toe kom 'n faset van hulself kan sien tydens hul dans, of oorlog, met haar. In elke hand is 'n tweesnydende swaard – want elke oorwinning is iemand anders se vernietiging, elke vooruitgang iemand anders se agteruitgang, elke heelword op die skouers van 'n ander se seerword, en elke seerword op die skouers van iemand anders se heelword.

Ek het haar gevra of sy vir my woorde sal gee, sodat ek kan vertel wat ek gesien het. En sy het my omgedraai, en laat kyk. Om haar was 'n slagveld wat soos oorlog gelyk het – vol beseerdes, oorlewendes, oorwinnaars. Sommiges vrygemaak van 'n lewe van tandekners en aftakel, ander se harte oopgeskeur en knieë afgekap. Laggendes, huilendes, vegtendes en oorgeërs. En daar was kinders . . . so baie kinders. Sommiges wat in die Lig inry op die skouers van ouers wat weer vorentoe kan gaan en vry wees. Ander kinders huilend, met gekoekte hare, al wagtend by ouers wat nooit weer wil opstaan nie.

Dit was 'n dansbaan van oorwinning.
En 'n slagveld van verdriet.
Die een se dood die ander se brood.
Die *ultimate duality*.

En toe ek omdraai het sy haar hand oor my mond gesit, en my lippe geseël. En gesê slegs die mense wat hier was, sal weet hoe dit voel om hier te wees. Sy laat niemand ooit hier wegstap met woorde nie, want daar bestaan nie woorde vir wat mens hier kom beleef nie. En toe het sy gesê ons kan maar gaan, ons het goed gedoen.

En ek het omgedraai en weggestap.
En net bly stap.
Net bly vorentoe gaan.
Na die Lig toe.
En na Heelword toe.
Heeltemal sonder my woorde.

my beste probeer

eers na die mense gaan lê
en die borde ingedra
en die kerse doodgeblaas
en die musiek afgesit is
kom ek en myself uiteindelik tot stilte

en my sit is erglekker
en die see slaapver
die nag vol sagreën
en die donker drupstil
en my kop vol leegdink

en ek gaan haal hierdie dag
wat soos elke dag vol weghol was
en doodslaan
en diepprobeer
en hard gaanhaal

en al was my drink te lekker
en my eet te veel
en my onthou te naby
en my raas te hard
en my vinnigste te stadig
en my hierwees te afwesig
en my luister te doof
en my genoegwees te min
was dit my beste probeer

hierdie vandag
was my flippen beste probeer

so ek vergewe myself
en cheer myself
en glo in myself
en draai myself toe in Sy liefde se vashou
en maak myself heel
en begin myself weer

vir môre se hier
en resies
en afbeen
en volmens
en verstretch
en halfway there

en vir nou se genoeg
vir diepsit
en asem
en stilte
en liefde

vir nou
se genoeg
vir nou

vyf dae te vroeg

    n so kom ek en die kinders met maats en die sleepwa by Swartvlei aan vir ons jaarlikse grootkamp.

Die kar lyk soos 'n taxi op pad Moria toe . . . al wat nie in is nie is my geboortesertifikaat, ons labrador, die twee katte, en die ketel (per ongeluk). Die res van die Pringlestraat is alles en almal ten volle teenwoordig.

Ons peul uit voor die kantoor, die kinders groet die maats wat sokker speel, en ek gaan kondig ons aankoms aan by die vriendelike kantoormense met die lang papiertabelle. Smit. Hulle soek en soek . . . en soek en soek . . . en sê eers saggies vir mekaar ietsie. Toe prewel die een daar is 'n Smit wat die 23ste Desember moet incheck, maar geen Smit vir die 18de nie. En toe bel hulle, en praat weer saggies. En toe dit 'n uitgemaakte saak is kyk hulle my vierkantig in die oë en kondig aan: ons is vyf dae vroeg. VYF DAE VROEG!

Lielie trek haar bril laer oor haar oë, en prewel met uiterste intensie: "Mamma! Daar is nie 'n manieeeeer(!) dat ons nou weer hier wegry nadat almal ons klaar gesien het nie." En die Coleman met 'n hele gevriesde lam wag ongeduldig in die kar.

Met navraag blyk dit daar is tot die 23ste 'n gaatjie vir ons heel bo in die windtonnel op die skuinste langs die lewensredders. My moed sak in my skoene. Ja . . . ek weet . . . hoe de hel is dit moontlik dat mens vyf dae te vroeg vir vakansie opdaag?

Terwyl ek myself uitlag, stuur ek 'n noodoproep Boontoe, en kort na die engele se aankoms, onthou die kantoormense dat die meneer op staanplek 17 vandag daar was, en gesê het hy gaan laat kom: "Iemand kan maar solank daar staan as hulle wil." *Toe-val-lig* is dit een van die beste staanplekke in die kamp, heel voor op die water, met 'n enorme bloekomboom wat teen gaaptyd skaduwee en koelte gee. En *toe-val-lig* is dit *reg* oorkant nommer 36, wat ons staanplek van die 23ste af is.

So, op die 23ste, toe ons eers sou aankom, gaan my hoofpyn al weg wees, my kop al stil, my woorde al geskryf, die agterkwart van die Coleman se lam al opgeëet, en dan gaan ons net penne uittrek, tente oordra, en weer penne inslaan. Met 'n koue bier in die hand.

Later daardie middag, toe ons klaar opgeslaan is op die perfekte staanplek 17, met ons voete so te sê binne-in die water, wil my kinders by my weet waaaar ek daaraan gekom het dat ons al van die 18de af op Swartvlei sou kamp?

En ek sê ek vermoed dis daardie aand wat ek op my huilste was, wat die engele op hulle bederfste was. En in my slaap die kalender in my brein se datums kom omruil het. Vir hierdie spesiale bederf, wat altyd kom as mens dit die nodigste het.

my lekkerste lekker

my lekkerste lekker is om in 'n bad te lê
met ylang-ylang en eucalyptus in die water
en my bril en 'n boek, en 'n kers, en myself
en 'n geyser op steroids
en tyd

dat my tone in oumense kan verander
en my dink kan gaan lê
en ek kan verdwaal in die blaaie se vertel
so diep en so lank soos nêrens
net te lees

en in my bed, met my wit lakens, en my skilderye en foto's teen
die mure
en my kat en my hond by my voete
met my Evernote en my koffie en my woorde en my veiligwees
en te skryf
tot my hart skoongewas, gladgestryk
en weer in netjiese kompartemente weggepak is
net te skryf

of buite onder my wingerd, op my houtstoele met opvouvoete
en as dit reën daar met Nataniël se rooiwynglas te sit
onder die klein sinkdakkie (spesiaal opgesit vir-reënsit-onder-'n-
klein-sinkdakkie)
en net te luister
'n kind van die skepping
'n kind van vrede
net te luister

of aan 'n tafel met my geliefdes
en kerse en lag en musiek en buite en sterre en swembad en
liggies en kos
en vuur
en net te lief

of op die bank met my Lielie en my Adi
en 'n movie en popcorn en stilwees en saamwees en luiwees
en net te belong

want my lekkerste lekker is altyd by my
in my lyf
in my lewe
in my huis
by my mense
net soos dit is
altyd, maar net die lekkerste lekker

die inkleurboek

k wil met verwagting na die wêreld en sy skapelinge leer kyk. En soos 'n oningekleurde PNA Mandala-boek vir mense inkleurpotlode uitdeel – om self hulle prent oor my blaaie te kom inkleur.

As ek 'n boemelaar sien, wil ek die siel en sy storie kan gaan haal. Ek wil omgee hoe sy val gebeur het, probeer agterkom of hy nog hoop vir hoop, leer wat sy stukkende lewe oor sy hart geskryf het. En ek wil daardie mens kan afneem dat die laaste krieseltjie waardigheid deur sy krake op 'n foto wys. Dit sal ek graag wil regkry.

Ek wil iemand in 'n rolstoel sien, en die mens met bene leer ken, en luister hoe hulle en hul mense tot by hul nuwe normaal geloop het. En ek wil 'n lang mens raaksien, nie 'n sitmens nie.

As ek 'n oumens sien, wil ek onthou dat verweerde boeke al die meeste lesers gehad het. Dat hulle ook êrens in die voorheen al in 'n drive-in gevry het, kleilat gegooi het, 'n nuwe werk begin, en eerste keer motor bestuur het. En ek wil waardeer dat hulle stukkend ook al flenters was, en weer moes heel word, so al met die oudword saam. En omgee.

En as ek 'n kwaai mens sien, wil ek deur die vuur die bang kan raaksien. En my hart se hande kan uitsteek deur die lawa, en daardie seer kan vashou. Met 'n ego wat kan laag lê. Dit sou ek die graagste wou regkry.

En ek wil vir 'n slag in 'n baklei kan terugsit en luister. Om te hoor watter voel lê agter die ander een se woorde. Sodat ek kan verstaan. Net om te verstaan.

En ek wil leer om in 'n raas my kinders te vra wat gebeur het, net vir 'n slag. Voordat ek vertel wat gebeur het.

En verby die tatoe, en die neusring, en die rasta-hare, en die vuil, geskeurde klere, en die puntenerige eter van die klein geskepte bordjie, en die bang bestuurder voor die lang ry karre, en die belangrike aankommer, en die verpoepte hopelose, en die hoekstaande Bybelmens, en die benerige hangrokkie-vrou wil ek leer kyk. En die mens leer raaksien. Nie net die raam nie.

Want ek is moeg vir my inkleurboek se kleure. En die ou afgeleefde rame. En die prentjies van mense wat al soos 'n ou deurgewerkte Geelbladsye opgeblaai is. Hartlik moeg daarvoor.

So ek sal leer om 'n inkleurboek te wees. En met 'n sak vol inkleurpotlode rondloop. En ek sal dit gaan gee vir elke raam wat ek raaksien, en stilbly en stildink en stilstaan dat mense self die kleure kan kies, en self my prent van hulle kan inkleur. En ek sal leer wag tot hulle klaar is. En dan eers sal ek kyk. Ek gaan probeer.

die eighties

k is nou die dag op pad na 'n Sondagkuier op Dwars-wegstrand toe The Jacksons se "Can You Feel It" begin speel op Kfm. En ek onthou hoe daar as vyftienjarige sproetgesig getrou aerobics gedoen is in my kamer. Ek, Jane Fonda, The Jacksons en my geliefde Telefunken, wat kon high-speed dubbing doen, en Springbok Top 20 op Saterdae uitsaai.

My mure was toegeplak met plakkate uit die middelblad van die Huisgenoot: David Bowie, Rob Lowe, Rod Stewart, Madonna. En Jamie Lee Curtis, wat 'n leotard gedra het met 'n dun beltjie en daai leg warmers wat so effe afgedruk was dat jou kuite kon groter lyk. Daar was 'n tweede gaatjie in haar een oor, en haar hare was kort en regop aan die een kant, en het soos 'n waterval neergestort oor haar oog aan die ander kant.

Pouses het ons meisies in 'n lang ry gesit en ons bene getan met Brylcreem, en naweke ons hare gehighlight met suurlemoensap of peroxide wat met bolletjies watte aangesmeer is. Ons liefdes-briewe was altyd in klein bondeltjies opgevou en deur vriende afgelewer, en saam met sweetie papiere en fliekkaartjies in dagboeke geplak wat later soos Bybels gelyk het.

Op my sestiende verjaarsdag het ek 'n garage paartie gehou, met ballonne teen die dak, en op my Telefunken het ons "Like a Virgin" gespeel, en "Dancing on the Ceiling," en "99 Red Balloons." Voor huis-toe-gaan-tyd het ek met die ou van die tegniese skool geslowdance op "Hello" van Lionel Ritchie en my eerste soen gekry buite by sy 50, wat langs Johnny O'Reilly en Koos Roos en die res van die bende se 50's in 'n ry voor ons huis geparkeer was.

Ons het melkkoffie gedrink, en musiekvideo's gekyk: A-ha, U2, Sandra, Depeche Mode, David Bowie, Sting, Modern Talking, Duran Duran. En movies soos *Dirty Dancing, Footloose, Flash Dance, The Breakfast Club, Ghostbusters* of *The Karate Kid*. Of skelm geloer na *9½ Weeks* in Marlize-hulle se woonstel agter toegetrekte gordyne.

As ons gaan sokkie het, het ons meisies street dancers gedra, met dun sokkies wat afgerol was in blou, geel en pers lae. En los hemde met opgerolde moue wat met breë belde vasgemaak is met 'n reuse gespe wat so skuins moes hang. En die ouens het wit langbroeke gedra, met 'n *Miami Vice*-baadjie met sagte pienk, geel of pers hemde. As ek nou terugdink het ons waarskynlik gelyk soos sprinkane wat met volmaan na verkleurmannetjies probeer vry, maar in die 80's, met daai look, was ons baie cool!

In die Eighties, was Polokwane nog Pietersburg, en Tshwane nog Pretoria. En Madonna was wild, en Sylvester Stallone jonk. En Michael Jackson was swart, en meisies se tennisbroekies het frilletjies gehad. En die strate was veilig en die dorpe mooi. En maak nie saak wat wie vir my sê nie, in my hart sal die Eighties altyd die dekade wees waar musiek op sy mooiste was. En tienerwees op sy lekkerste en sorgeloos op sy maklikste.

attie

As jy weer in die Kaap in die straat stap, sal jy dalk vir Attie in 'n rolstoel sien aankom en dink jy weet hoe is mense in rolstoele, en wegkyk, of te lank kyk. Jy sal dan die spesiale rolstoelboks waarin jy mense soos hy file, gaan uithaal in jou brein, en die prentjie van hom daarin gooi, amper soos 'n vuurhoutjieboks. Jy sal dink jy ken hom, maar jy sal weer moet kyk.

Want Atta is 'n man wat net nou die dag nog met Riet en sy drie dogters Vic-valle toe gery het. Via Aus. En Lüderitz. En die Dooie Pan. En Swakopmund. En Omaruru. Deur die nagte onder die sterre het hy gery, omdat die sterrehotel die mooiste en die goedkoopste is, en elke sterrenag 'n duisend kilo's se meersien was. Jy sal ook nie weet dat hy dan voor sonsopkoms gou afgetrek, en so twee ure geslaap het, en met groot lus vir die dag saam met die meisies wakker geword het, en die nuut opgeslurp het net soos elke ander uitgeruste mens nie. Want jou vlakkyk sal jou nie wys dat Atta elke krieseltjie van die lewe soos suurstof kan inasem nie.

Jy sal ook nie weet dat hy 'n pappa is wat elke oggend sy Zanna-kind se broodjies maak, en in die aande nog met 'n nat, fietsgeryde werkslyf kon aankom met 'n groot glimlag, 'n wyn en 'n kasie in sy sak nie. Vir lekkersit, en lank gesels, en lekkerkry.

Ook nie dat hy net nou die dag nog die Double Century sou fietsry. Of dat hy 'n Griekse dosent was. Of dat hy die beste vis kan braai, en steeds verlief is op sy Riet na amper 30 jaar nie. Of my tent se penne in die nag vir my wil kom inslaan, al het hy sopas sy hele gesin van vyf se penne na werk en pak en aankom ingeslaan nie.

Ook nie dat hy nog sy hele lewe deur Afrika wou fietsry en anyway waarskynlik nog gaan, al is dit nou net met sy arms nie. Want met jou kyk sal jy nie weet dat At se hardste sag is dat hy nie nee vat vir 'n antwoord nie. Nooit nie.

So, as jy weer 'n mens met 'n rolstoel sien aankom beter jy mooi kyk verby die wiele na die mens wat daar sit, want as dit Attie is, sal jy 'n kroon op sy kop sien en sal jy 'n skuur se stoorspasie nodig hê om hom in jou kop te file.

Want hy, net soos elke ander mens soos hy, het dubbeljy, al sittend en kruipend, die hoogste pieke van die wêreld al uitgeklim. Ongesiens. Terwyl die res van "normaal," al vanselfsprekend, met ken omhoog en witbrood onder die arm, toe oë deur die lewe verby die blomme geloop het.

aan die einde van die reënboog
het ek jou gaan haal, my kind
jou dwars onder my hart gebêre
en jou huis toe gebring

onder die strale van die maan
het ek jou vasgehou
en gevoel hoe jou slaaplyfie
al hoe meer mens word teen my bors

onder die engele se lig het ek jou laat grootword
jou naelstring begin rek
en jou onsigbaar aan my vasgemaak met gebed

ek wil jou toevou en in 'n bondeltjie bêre
net hier veilig by my

ek wil jou hele lyf met my arms omsingel
teen die wêreld

ek wil jou hart in 'n kasteel
op die hoogste piek in 'n glaskas gaan toesluit
waar net 'n engel uit die Lig uit sal kan neerdaal en dit oorwin

ek wil jou lag in 'n klokkie aan my ore hang
jou geluk in 'n ring aan my vinger dra
jou lekkerkry in 'n glasie om my nek

ek wil my voete voor joune laat uitloop
met my oë vir jou mense se harte voel
met my hande jou paaie gelyk maak

jou wese is die hoofslagaar van my hart, my kind
jou hartklop elke dag my grootste geskenk
jou koms die goud en mirre en kleur in my menswees

liewer as die liefste lief het ek jou lief my kind

liewer as die liefste lief
het ek jou lief
my kind

Made in the USA
Middletown, DE
29 January 2019